Der Vierte Pol
The Fourth Pole

Julia Wirsching
Gabriel Hensche

Herausgeber/innen:
Julia Wirsching und Gabriel Hensche
Tagebucheinträge und Zeichnungen:
Julia Wirsching und Gabriel Hensche
Grafische Gestaltung: Giulia Schelm
und Lukas Küng (Burrow, Berlin)
Einführender Text: Tomke Braun
Übersetzungen: Yasmeen Daher
(Englisch/Arabisch),
Shirly Eran (Englisch/Hebräisch),
Carola Kleinstück-Schulman
(Deutsch/Englisch)
Textbearbeitung: Julian Bogenfeld
Lektorat: Katharina Kunz
(Deutsch/Englisch), Hasan Solanun
Melongena (Arabisch), Shirly Eran (Hebräisch)

Papiere: Design Offset Weiss 120 g/qm,
Sirio Color Nero 170 g/qm,
gebunden in Genuin PU Latte 33107
Druck und Bindung: DZA Druckerei
zu Altenburg GmbH

Verlag: Edition Taube

ISBN 978-3-945900-43-7

Publikationsförderung: Ministerium
für Wissenschaft, Forschung und Kunst
Baden-Württemberg

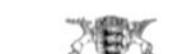

Baden-Württemberg
MINISTERIUM FÜR WISSENSCHAFT, FORSCHUNG UND KUNST

Unser Dank gilt all jenen, welche die Expedition unterstützten: Shlomo Serry, Gastgeber unseres Zwischenlagers. Robert Walser, Autor der Geschichte, die uns der Busfahrer erzählte. John Smith, dessen Hotel Diaries uns in unseren Träumen heimsuchten. Winnie-the-Pooh, dessen Melodie uns während der Expedition begleitete. Den Unbekannten, die uns dabei halfen den Weg zu finden.

Co-authored:
Julia Wirsching and Gabriel Hensche
Diary Text and Drawings:
Julia Wirsching and Gabriel Hensche
Graphic Design: Giulia Schelm
and Lukas Küng (Burrow, Berlin)
Introductory Text: Tomke Braun
Translations: Yasmeen Daher
(English/Arabic), Shirly Eran
(English/Hebrew), Carola
Kleinstück-Schulman (German/English)
Text Editing: Julian Bogenfeld
Copyediting: Katharina Kunz
(German/English), Hasan Solanun
Melongena (Arabic), Shirly Eran (Hebrew)

Papers: Design Offset White 120 g/qm,
Sirio Color Nero 170 g/qm,
bound in Genuin PU Latte 33107
Printing and Binding: DZA Druckerei
zu Altenburg GmbH

Publisher: Edition Taube

ISBN 978-3-945900-43-7

Publication Funding: Ministry of Science,
Research and Arts Baden-Württemberg

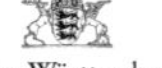

Baden-Württemberg
MINISTERIUM FÜR WISSENSCHAFT, FORSCHUNG UND KUNST

We would like to thank all those who
supported the expedition: Shlomo
Serry, host of our intermediary camp.
Robert Walser, author of the story
the bus driver told us. John Smith,
whose Hotel Diaries haunted our
dreams. Winnie-the-Pooh, whose
melody accompanied the expedition.
The unnamed people who helped us
find the way.

Der Vierte Pol oder Über das Entdecken

Text von Tomke Braun

Expeditionen sind Reisen, um etwas zu entdecken. Bei diesem Etwas handelt es sich meist um ein Tier, eine Pflanze, einen Ort, Gestein oder Land. Die Voraussetzung des Entdeckens ist, dass der Fund vorher noch als unbekannt galt – was allerdings von der Perspektive desjenigen abhängig ist, der sich auf die Reise begibt: Denkt der Reisende er hat eine Entdeckung gemacht, ist sie für das Gegenüber vielleicht schon bekannt. Eine Expedition existiert also nicht ohne die Perspektive des Entdeckers.

The Forth Pole or On Discovery

Text by Tomke Braun

Expeditions are voyages of exploration and discovery. The discovery is usually an animal, a plant, a place, mineral or land. The idea of discovery is premised on the find being previously unknown—at least from the perspective of the person undertaking the voyage. An explorer may believe to have made a discovery, but the find may already be known to others. Thus, it is the perspective of the explorer that makes an expedition an expedition.

Für das vorliegende Expeditionstagebuch wurden Erinnerungen und Kohlezeichnungen der ersten Expedition zum Vierten Pol zusammengetragen. Im Gegensatz zum Mount Everest, dem höchsten Punkt und sogenannten Dritten Pol der Erde, ist der Vierte Pol der tiefste kontinentale Punkt. Er ist in seiner jetzigen Form erst in der jüngeren Vergangenheit durch den stetigen Rückgang des Toten Meeres entstanden und befindet sich auf einem Terrain, das wie kein Anderes durch jahrzehntelange politische Kämpfe zwischen Religionen und Ländern geprägt ist. Die Expedition verschiebt die vorbelastete Perspektive auf dieses Gebiet, indem sie die Region als Pol deklariert und eröffnet somit einen Imaginationsraum, der weniger durch nationale als durch topografische und autobiografische Koordinaten definiert wird. Die beiden Reisenden produzieren paradoxerweise mit dem Vierten Pol einen Ort, der ihnen gleichzeitig unbekannt ist und dies vielleicht auch

The expedition diary presented here brings together recollections and charcoal drawings of the first expedition to the Fourth Pole. In contrast to Mount Everest, the highest point on earth and sometimes referred to as the Third Pole, the Fourth Pole is the lowest continental point. Situated in a terrain that, like no other, is marked by decades of political disputes between religions and states, its current form is of relatively recent origin and the result of the dwindling water level of the Dead Sea. The expedition shifts the biased perspective onto this terrain by declaring the region a Pole and, in so doing, it opens an imaginary space that is not so much defined by national coordinates as by topographical and autobiographical ones. Paradoxically, with the Fourth Pole, the two explorers produce a place that is unknown to them and may have to remain so. Accordingly, the text they generate during their expedition breaks off before they reach their destination. The self-reflexive imagination of a place is

bleiben muss. Der während ihrer Expedition entstehende Text hört dementsprechend auf, bevor das Ziel erreicht wird. Die sich selbst reflektierende Imagination eines Ortes spiegelt sich ebenfalls in den hier abgebildeten schwarzen Kohlezeichnungen wieder: Sie zeigen Reliefs und sammeln sich in zentrischen Konturen, die die löchrige Struktur des Bodens am Vierten Pol andeuten. Die Schattierungen bleiben unbestimmt und visualisieren damit vor allem die Ungewissheit der Reisenden über ihr Ziel, das erst durch die unternommene Reise als Ort erschaffen wird.

Die sprachlichen und bildlichen Überlieferungen spielen seit jeher eine entscheidende Rolle für Expeditionen, die ihr Ereignis und ihre Errungenschaften bezeugen können. Die Aufzeichnungen vom Vierten Pol nehmen uns vor allem mit auf eine mentale Reise, die mit dem ambivalenten Weg durch ein Gebiet einhergeht, in dem jeder Riss und jede Furche des von Trockenheit gezeichneten Bodens

also mirrored in the black charcoal drawings reproduced here. They show reliefs and converge in centric contours that suggest the pitted surface of the ground at the Fourth Pole. The shading remains vague and gives visual expression to the explorers' uncertainty about their destination, which was only created in the act of undertaking the journey.

Verbal and visual records have always played a crucial role in expeditions; they document the very fact that the expedition took place and the results it yielded. The records from the Fourth Pole take us on a primarily mental journey that is matched by the ambivalent path through a terrain in which every crack and every furrow of the parched ground tells a story of siege and war. The two explorers cross the terrain, observing the things in their path as much as they observe themselves in the reflection of their surroundings. Thus, the Fourth Pole is a real geographical spot on a map, but above all, it is

eine Geschichte der Belagerung und des Krieges erzählt. Die beiden Reisenden durchqueren das Terrain und beobachten dabei die Dinge die ihnen begegnen genauso wie sich selbst in der Reflexion ihrer Umgebung. Der Vierte Pol ist somit zwar ein tatsächlich existierender geografischer Punkt auf der Landkarte, aber vor allem ist es ein Ort, dessen Imagination den beiden Reisenden ermöglicht, sich durch das unebene Gelände mehr oder weniger zielgerichtet zu bewegen.

Am 2. August 2007 erreicht die Mir-1 ihr Ziel in 4261 Meter Tiefe unter dem Meeresspiegel. An diesem Nicht-Ort, der sich noch am Ehesten durch seine Unerreichbarkeit auszeichnet, befindet sich (ungefähr) der geografische Nordpol. Die Besatzung des U-Boots setzt an diese Stelle im Auftrag der russischen Regierung eine Flagge aus Titanium. Sie betont die bestehenden Ansprüche auf die arktische Region und ihre Ressourcen.

an imaginary place, and it is by imagining it that the explorers can move through the rough terrain with a sense of purpose.

On 2 August 2007, Mir-1 reached its target on the seabed at a depth of 4261 metres below sea level. This non-place, distinguished chiefly by its inaccessibility, marks the geographic North Pole. By order of the Russian government, the crew of the submersible planted a Russian flag made of titanium on the spot to stake Russia's claims to the arctic region and its resources.

Many expeditions are politically motivated. They do not just discover, they also lay claim to the possession of the find. A flag left behind at the site symbolises that claim, commemorates the explorers and marks the location as such. On a mission like that of Mir-1, the symbolic charge of the enterprise tends to overshadow the insights it yields. The narrative of the successful expedition, supported by an underwater picture of the flag, tends to

Viele Expeditionen sind politisch motiviert und entdecken nicht nur, sondern vereinnahmen und beanspruchen das Gefundene für sich. Dazu dient ihnen ein Symbol wie die Flagge, die vor Ort zurück bleibt und sowohl auf die Entdecker/innen verweist als auch den Ort als solchen markiert. Bei einem Auftrag wie dem der Mir-1 übersteigt schließlich der Symbolgehalt der Unternehmung ihren Erkenntnisgewinn. Die Erzählung über die Durchführung der Expedition, getragen und unterstützt durch ein Unterwasser-Bild der Flagge, stehen nicht selten im Mittelpunkt der anschließenden Berichterstattung. Unsere Reisenden eignen sich ebenfalls die Strategien und Formensprache solcher Gründungsmythen an und führen sie dennoch sogleich ad absurdum: Die Flagge, die sie während ihrer Expedition mit sich tragen ist kein hegemoniales Symbol, sondern bildet ab was sie sucht und repräsentiert somit den Ort, den sie durch ihre Aufstellung markieren soll.

dominate the reporting in the wake of the event. Our intrepid explorers adopt the strategies and symbolism of foundation myths such as this and demonstrate their utter absurdity. The flag they carried on the expedition is no hegemonic symbol; it depicts the expedition's destination and thus represents the place that its installation is intended to mark.

Christopher Robin and his friends set off for the North Pole, not really knowing where or what it is. They imagine it to be a pole stuck in the ground. Along the way, one of the group falls into the stream and is rescued by the others with the help of a pole, whereupon Christopher Robin declares the expedition to be over. They stick the pole in the ground and tie a message to it: 'NorTH PoLE DISCovERED BY PooH—PooH FouND IT.'

The word expedition derives from the Latin word expedire, which means to untie, to set free. With this in mind, the explorers of the Fourth Pole strike out on a possible path

Christopher Robin und seine Freunde machen sich auf den Weg zum Nordpol ohne genau zu wissen wo dieser liegt. In ihrer Vorstellung ist der Nordpol eine, in der Erde steckende Stange. Auf dem Weg fällt jemand aus der Gruppe in den Fluss und wird von den Anderen mit einem Pfahl gerettet. Christopher erklärt im Anschluss die Expedition für beendet und mit dem Pfahl stellen sie ein Schild auf: „Der Nordpol - entdeckt von Puuh".

Das Wort Expedition stammt von dem lateinischen Begriff expedire, der so viel wie losbinden oder freimachen bedeutet. In diesem Sinne nutzen die beiden Reisenden am Vierten Pol einen möglichen Weg, um sich von vorgeschrieben Pfaden zu lösen und dabei die von ihnen besuchte geschichtsbeladene Landschaft in einer vorher unbekannten Kategorie zu denken, indem sie sie als Pol entdecken und damit neu erfinden. Während sie so vor allem das Entdecken wiederentdecken, landen sie in den Tiefen des Vierten Pols.

to break away from prescribed routes and to imagine the historically charged landscape in a new, hitherto unknown category by discovering and reinventing it as a Pole. In rediscovering discovery, they fathom the unplumbed depths of the Fourth Pole.

Tagebuch einer Expedition zum tiefsten trockenen Punkt der Erde

Julia Wirsching und Gabriel Hensche

10. Februar

Nach einem zweitägigen Abstieg treffen wir einen kleinen, grauhaarigen Mann mit runder Brille. Zusammen mit zwei schwarzen Katzen lebt er am Rande der Stadt in einem Haus auf einem Hügel. Sein Wohnzimmer wird unser Zwischenlager. Der Raum steht voller alter, mit weißen Leinen abgedeckten Möbel. Die Bilder an den Wänden zeigen wüstenhafte

Diary of an Expedition to the Deepest Dry Point on Earth

Julia Wirsching and Gabriel Hensche

10 February

After a two-day descent, we meet a small gray-haired man with round glasses. He lives at the edge of the city, in a house on a hill which he shares with two black cats. His living room becomes our intermediary camp. The room is full of old furniture covered with white linen dust sheets. The pictures on the wall show desert-like landscapes, dotted here

Landschaften in denen vereinzelt Wegmarken und architektonische Relikte zu sehen sind. Unser Gastgeber ist Fotograf mit einer offensichtlichen Obsession für menschliche Markierungen in leeren Landschaften. Aus einer Schublade zieht er eine Mappe mit Bildern und zeigt uns Fotografien von einem ausgetrockneten Schwimmbad, von Schildern auf denen ausgeblichene Architektur zu sehen ist, von Gebäuden, die nur noch aus ihrem Stahlbetonskelett bestehen, von einem halben Hotel, von löchrigen Dörfern, eingestürzten Straßen und quaderförmigen Betonklötzen, auf denen mit weißer Farbe X gesprüht wurde. Als er von unserer Expedition erfährt, schlägt er vor, uns bis an den Rand der Wüste zu begleiten.

11. Februar

Am Morgen machen wir uns gemeinsam auf den Weg. Während der Fahrt bemerkt er, dass seine Frau und er beim Navigieren oft unterschiedlicher Meinung waren. Einmal sollte er weiter geradeaus fahren, obwohl die Straße zu Ende war.

and there with the odd waymark or architectural relic. Our host is a photographer with an obvious obsession with human marks in empty landscapes. He pulls a folder from a drawer and shows us photographs of a dried-up swimming pool, of signs with bleached architectural images, of buildings that have crumbled around their reinforced concrete skeletons, of half a hotel, pitted villages, collapsed roads and concrete blocks sprayed with a white X. When we tell him about our expedition, he offers to accompany us to the edge of the desert.

11 February

In the morning, we set out together. During the drive he remarks that he and his wife often disagreed about navigation. Once she told him to keep going straight, even though the road they were traveling on had come to an end.

12. Februar

Unsere Flagge, auf der ein weißes Loch zu sehen ist, trifft auf Misstrauen bei einer Gruppe junger Soldaten, die in ihrem sandfarbenen Auto neben uns halten. Doch es stellt sich heraus, dass unser neuer Begleiter ein hilfreicher Vermittler bei den Verhandlungen mit den orientierungslosen Ordnungshütern ist.

14. Februar

An diesem Morgen erfahren wir von unserem Gefährten, dass er uns nicht weiter begleiten kann. Wo die Straße im Sand endet, nehmen wir schweren Herzens von ihm Abschied. Er scheint nervös und es fällt ihm schwer uns allein in der Wüste zurückzulassen. Als wir uns umdrehen, sehen wir ihn neben seinem kleinen blauen Auto stehen. Seine Worte und seine Nervosität trüben unsere Neugier. Nach dem Überqueren eines Flusses drehen wir uns nochmals nach ihm um – das Straßenende ist leer. Wir sind allein.

12 February

Our flag, which shows a white hole, arouses the suspicion of a group of young soldiers who stop their sand-coloured car next to us. As it turns out, our new companion is a helpful intermediary in the negotiations with the confused troopers.

14 February

This morning, we learn that our companion cannot escort us any further. Where the road peters out into the desert sand, we bid him goodbye with heavy hearts. He seems nervous and reluctant to leave us to our own devices in the desert. When we turn, we see him standing next to his small blue car. His words and his unease dampen our curiosity. Having crossed a river, we turn again, but the end of the road is deserted. We are alone.

15. Februar

Die blühende Wüste breitet sich grün schimmernd vor uns aus. Die Sonne brennt. Ein Auto erscheint am Horizont, gefolgt von einer Staubwolke. Vor uns kommt es zum Stehen. Die Tür öffnet sich. Ein Mann steigt aus und kommt auf uns zu. Mein Atem stockt. Er bückt sich und greift nach einem Stein. Er wirft den Stein von der Straße, dreht sich um und steigt wieder in das Auto, in welchem Frau und Kind auf ihn warten. Auf seinem Gesicht erscheint ein Grinsen. Wir fühlen uns lächerlich. Wir haben uns von der Nervosität unseres Begleiters anstecken lassen.

17. Februar

Kopfschmerzen, Übelkeit und Sinnestäuschungen können bei fehlender Akklimatisierung in extremen Höhen auftreten. Hoch steigen, tief schlafen gilt daher für die Begehung des Dritten Pols, denn die Luft ist dünn auf dem Mount Everest. Tief steigen, hoch schlafen gilt hingegen für die Begehung des Vierten Pols, denn

15 February

Blooming, shimmering and green, the desert stretches out ahead of us. The sun beats down. A car appears on the horizon followed by a cloud of dust. It stops in front of us. The door opens. A man gets out and comes towards us. My breath catches in my throat. He stoops and picks up a rock. He throws it to the side of the road, turns and gets back into his car, where his wife and child are waiting for him. A grin is spreading across his face. We feel stupid. We had allowed our companion's nervousness to rub off on us.

17 February

Headache, nausea and hallucinations can afflict insufficiently acclimatised climbers at great altitudes. Climb high; sleep low is the rule adopted by mountaineers attempting to scale the Third Pole—the air is thin on Mount Everest. Conversely, the Fourth Pole calls for the climb-low, sleep-high approach, because heavy rain can unleash deadly flash floods

seine Krater und Täler füllen sich bei starkem Regen sintflutartig mit Wasser. Am Abend suchen wir uns ein Plateau zum Übernachten. Von hier aus überblicken wir die Wüstenlandschaft: undefinierte, unendliche Weite, eine Bühne, die potenziell alles sein kann. Ein donnerndes Dröhnen durchdringt die dünne Zeltwand, wir vergessen die Bühne. Halb nackt stehen wir draußen im Dunkeln, doch der Ursprung des sich nähernden Dröhnens lässt sich nicht identifizieren.

In dieser Nacht habe ich von dir geträumt: Wir standen vor einer Art Checkpoint. Ich hatte schon von diesen Checkpoints gehört, war aber erstaunt, als ich sah welches Ausmaß die Dinge hatten. Wir betraten eine große Eingangshalle, welche mehrere hundert Leute fassen konnte. Von dort aus ging es auf einer langen Rampe in Richtung Terminal. Als ich mich nach dir umdrehte, bemerkte ich hinter mir ein Kamel. Ich entdeckte dich ein ganzes Stück weiter vorne und versuchte dich

that inundate the low-lying craters and valleys. In the evening, we find a bit of raised ground to set up camp for the night. From here we survey the desert landscape: an inchoate, infinite expanse that could be a stage for anything. A thunderous drone comes through the thin wall of the tent; we forget the stage. Half-naked, we are standing in the dark outside, unable to identify the source of the approaching sound.

That night I dreamed of you. We were standing in front of some sort of checkpoint. I had heard of these checkpoints, but I was astonished to see how big they were. We stepped into a large entrance hall that could hold several hundred people. From there, a long ramp led towards the terminal. When I turned around to look for you, I noticed a camel behind me. I eventually spotted you quite a bit ahead of me and tried to catch up with you. There were guardrails and barriers in the hall to channel us along a slow

einzuholen. In der Halle waren Absperrungen und Barrieren, weswegen wir uns nur langsam im Zickzack von links nach rechts und von rechts nach links fortbewegen konnten. Das Kamel folgte mir langsam in das Terminalgebäude. Ich fühlte mich etwas unwohl, bemerkte aber, dass sich das Tier bemühte, mir nicht auf die Füße zu treten, obwohl es Schwierigkeiten hatte auf der steilen Rampe.

Weiter vorne standen Sicherheitskräfte hinter einer Art Glaswand und gaben über ein ziemlich lautes Lautsprechersystem Kommandos, die man von weitem hören konnte. Vor der Glaswand gab es drehkreuzartige Durchgänge. Über dem Drehkreuz befand sich ein rotes und ein grünes Licht. Ich half dem Kamel dabei seine breiten Hufe zwischen den Metallstangen des Drehkreuzes zu platzieren und drehte die Stangen Schritt für Schritt behutsam weiter. Vor uns sahen wir ein Sicherheitstor. Das Tor piepst bei metallischen Gegenständen. Daneben ist ein Förderband auf

zigzagging path from left to right and from right to left. The camel slowly followed me into the terminal building. I felt a little queasy, but I noticed that the animal did its best not to step on my feet, even though it had problems with the steep ramp.

A little further ahead, security guards were standing behind some sort of glass wall, issuing orders that could be heard from quite a distance over a booming public address system. In front of the glass wall, there were turnstile-like passageways. Above each turnstile was a set of lights, one red, one green. I helped the camel place his wide feet between the metal bars of the stile and gently turned it with every step it took. Ahead of us we saw a security gate. The gate emits a beep when it detects metal objects. Next to it is a conveyor belt onto which we place everything we carry. When it's our turn to pass the gate, the camel bent its forelegs then its hindlegs and sat down under it. At the gate

dem man alles abgelegt, was man bei sich trägt. Als wir unter dem Tor standen, beugte das Kamel die beiden Vorderbeine, dann die beiden Hinterbeine, bis es vollständig auf dem Boden saß. Am Sicherheitstor neben uns war eine Frau, die nicht durchgelassen wurde. Sie trug einen orthopädischen Schuh, den sie auf Befehl des Sicherheitspersonals ausziehen sollte. Widerwillig und unter Schmerzen zog sie den Schuh aus. Ihr Fuß war deformiert und mit einem Verband umwickelt, der vollgesogen war mit Blut und Eiter. Sie legte den Schuh auf das Förderband und versuchte ein weiteres Mal das Tor zu passieren. Die Gruppe auf der anderen Seite des Tors rief ihr etwas zu. Ich konnte nicht verstehen, was sie sagten, aber ich nehme an, es waren Tipps was jetzt am besten zu tun sei. Also versuchte sie es ein weiteres Mal. Das Tor piepste immer noch. Verzweifelt bat sie den Sicherheitsbeamten durchgelassen zu werden. Aber sie hatte kein Glück. Nach einer Weile gab sie auf und humpelte an uns vorbei,

next to ours was a woman who was not allowed to pass. She was wearing an orthopedic boot, which she was ordered to remove. Reluctantly and painfully, she took it off. Her foot was misshapen and bandaged with a blood- and pus-soaked dressing. She placed the boot on the conveyor and approached the gate again. The group on the other side of the gate were calling out to her. I couldn't understand what they were saying, but I assumed they were giving her tips how best to get through. She tried, but once again, the gate beeped. Desperate, she begged the security guards to let her pass. They were unmoved by her plight. Eventually she gave up. Limping past us, she went back in the direction she had come from. We had no trouble passing the gate. First, we heard the humming tone, then we were given the green light to go ahead. The camel straightened its hindlegs then its forelegs, and we could pass, one after the other.

zurück in die Richtung aus der sie gekommen war. Wir hatten keine Probleme das Tor zu passieren. Erst hörten wir den Summton, dann leuchtete das grüne Licht auf. Das Kamel stellte sich auf die Hinterbeine, danach auf die Vorderbeine und wir konnten einer nach dem anderen durchgehen.

18. Februar

Um herauszufinden was die Ursache für das Dröhnen war, welches wir letzte Nacht hörten, folgen wir an diesem Morgen den Raupenspuren und treffen auf einen weißen Esel, auf dem ein Junge sitzt. Er trägt eine viel zu große Lederjacke und fragt nach einer Zigarette – wir sind Nichtraucher.

20. Februar

Wir folgen einem Tal in dessen Mitte niedrige Büsche wachsen. Der rissige Boden unter unseren Füßen ist durchzogen von Rinnen und Furchen, die erahnen lassen, dass wir uns am Grund eines Flussbettes befinden. Ein schmaler Pfad führt uns aus dem Tal hinaus. Oben

18 February

To find out the source of the droning noise we had heard the night before, we follow the caterpillar tracks and come upon a boy sitting on a white donkey. The boy is wearing a leather jacket that is far too big for him and asks us for a cigarette. Neither of us smokes.

20 February

We follow a valley with low scrubby bushes growing along its midline. The ruts and furrows that mark the cracked ground beneath our feet remind us of the dangerous torrents of water rushing through this dried-up riverbed at other times of the year. A narrow path takes us out of the valley. When we arrive at the top, we see a white tent. A dog barks and is joined by another one. We stop and consider bypassing the tent without attracting attention. But it seems strange to leave the path just because it leads past a tent, and so we decide to stay on it. As we slowly approach the dwelling, a man

angekommen sehen wir vor uns ein weißes Zelt. Ein Hund bellt. Ein weiterer gesellt sich hinzu. Wir halten an und überlegen das Zelt unbemerkt zu umgehen. Da es seltsam wäre, den Weg zu verlassen nur weil er an einem Zelt vorbei führt, entscheiden wir uns, ihm weiter zu folgen. Während wir uns langsam der Behausung nähern, eilt ein Mann den gegenüberliegenden Hügel hinab. Eine Frau, die eben noch vor dem Zelt saß, erhebt sich von ihrem Lager und winkt uns zu. Nach und nach kommen Kinder und ein nach Atem ringender Mann hinzu. Es bleibt uns keine Möglichkeit die Einladung unserer Gastgeber auszuschlagen.

21. Februar

Am Horizont entdecken wir einen großen dunklen Stein. Als wir versuchen den dunklen Stein wieder zu finden, sehen wir ein Kamel aufstehen und weglaufen.

comes rushing down the hill across from us. A woman rises from her seat in front of the tent and waves to us. Children begin to appear as does a man gasping for breath. We have no choice but to accept the invitation.

21 February

We spot a large dark rock on the horizon. When we try to find it again, we see a camel get up and walk away.

22. Februar

In dieser Nacht habe ich wieder von dir geträumt: Wir befanden uns in einer großen terminalartigen Halle voller Menschen. Wir verabschiedeten uns. Ich wollte so lange bleiben bis ich dich nicht mehr sehen konnte. Ich blieb stehen und beobachtete, wie du in der serpentinenförmigen Warteschlange verschwindest. Aber durch das vor und zurück der Reihen kommst du immer wieder näher und tauchst zwischen den vielen Menschen auf. Ich wollte winken, wusste aber nicht wann der richtige Zeitpunkt dafür war. Dann sah ich dich winken, aber nicht zum Abschied, sondern eher so wie man jemanden zu sich winkt. Ich sollte aber nicht zu dir kommen, sondern zu einem Sicherheitskontrolleur, der etwas weiter weg stand. Er fragte mich einiges zu meiner persönlichen Beziehung zu dir und dem Grund meines Aufenthalts. Als er fertig war, hatten wir nochmals kurz die Gelegenheit uns ein zweites Mal voneinander zu verabschieden, dann gab mir

22 February

That night I dreamed of you again. We were in a large terminal-like space full of people. We were saying goodbye to each other. I wanted to stay until I could no longer see you. I remained where I was and watched you disappear in the meandering queue. But, time and again, the zigzag motion of the queue brings you back into sight. I wanted to wave but didn't know when would be a good time. Then I saw you wave, but it wasn't a goodbye wave so much as one that beckoned me to come closer. However, it wasn't you I was meant to come to but one of the security inspectors standing a little further away. He asked me about my relationship with you and about the reasons for my stay. When he was finished with me, we had another brief opportunity to say goodbye to each other before the guard ordered me to leave the security zone. I returned to where I had been standing earlier and once again looked for

der Beamte die Anweisung, den Sicherheitsbereich zu verlassen. Ich ging zurück, dahin, wo ich vorher gestanden hatte und suchte nochmals deine blonden Haare in der Menge. Da sah ich dich auf einmal wieder in der Mitte von zwei Sicherheitsbereichen stehen, in denen die Leute in Schlangen standen. Ich versuchte durch die gurtartigen Absperrsysteme in den Zwischenbereich zu gelangen. Wir verabschiedeten uns ein drittes Mal. Ich blieb vor einer hohen Plexiglaswand, an der man sein Ticket und Ausweis zeigen musste, stehen. Ich konnte dich durch die Wand hindurch immer noch sehen und winkte dir nochmals zu. Die Wand ließ keine Geräusche durch. Ich dachte, dass du in der Schlange gleich verschwinden würdest und wollte stehen bleiben bis ich dich nicht mehr sehen konnte. Die Schlange ging aber so langsam voran, dass du auch nach langer Zeit immer noch zu sehen warst. Als ich dann schließlich zum Ausgang hoch lief, nach draußen ins Licht, sah ich an der Wand überall Infos

your blond head of hair in the crowd. I eventually spotted you standing in some intermediate area between two security zones in which people were queuing. I managed to get through the barrier belts of the queue management system, and we said goodbye for a third time. I stopped by a high acrylic glass wall, where people had to present their tickets and papers. I could still see you through the wall and waved to you. The wall was impermeable to sound. I assumed you were about to disappear in the queue and wanted to stay there until I could no longer see you. But the queue moved so slowly that you remained in sight for a long time. When I finally went to the exit and into the light outside, I saw the walls plastered with official notices and signs saying in three languages. 'Please keep the terminal clean'.

und diese Schilder, auf denen in drei Sprachen stand: „Bitte den Terminal sauber halten."

26. Februar

Nach einem langen Abstieg sitzen wir beim Abendessen mit eigenwilligen Einwohnern, die sich an einem Strand an der Peripherie des Pols angesiedelt hatten. Die Luft ist voller Feuer, Gras und Fliegen. Ihre Entspanntheit macht uns nervös. Der Pol ist nicht mehr weit. Man riecht ihn bereits: starker, stinkender Sulfur.

27. Februar

Die einzigen Menschen, die wir heute trafen, waren drei fahrradfahrende Frauen, die sagten, sie seien von einer Insel weit im Nordwesten bis hier runter in den Südosten gefahren.

28. Februar

Nachdem wir den ganzen Tag gelaufen sind, landen wir in einem Auto, mit einem schweigenden alten Mann, einem jungen semiprofessionellen Casinospieler und drei Luftballons. Der junge Mann fährt, telefoniert und gestikuliert gleichzeitig, ohne dabei das Lenkrad zu

26 February

After a long descent, we have supper with an idiosyncratic group of people who have settled on a beach in the periphery of the Pole. The air is full of fire, grass and flies. The residents' relaxed manner makes us nervous. The Pole isn't far. We can already smell its strong sulphurous stench.

27 February

The only people we met today were three women on bicycles who told us that they had cycled all the way from an island in the far northwest to this place in the southeast.

28 February

Having walked the whole day, we end up in a car with a taciturn old man, a young semiprofessional gambler and three balloons. The young man drives without touching the steering wheel, talking on the phone and gesticulating animatedly. It is raining and getting dark. I decide to put on my seatbelt, but I don't want the driver to notice. Slowly,

berühren. Es regnet und es wird dunkel. Ich beschließe mich anzuschnallen, will aber nicht, dass der Fahrer es bemerkt. Langsam versuche ich den Stecker in den Schlitz zu stecken, so dass man das Klacken kaum hört. Ich hörte, dass es als Beleidigung aufgefasst werden könnte, wenn man sich anschnalle, weil das ein Zeichen sei, dass man dem Fahrer nicht traue.

Während der Fahrt erklärt er: Die Verdunstung des nahegelegenen Salzsees eröffnet ein neues Gebiet. Einen neuen weißen Fleck, den noch keine Karte kennt. Diese Region ist ein Pol. Es ist der energetischste Ort der Erde. Die Luft enthält vier Prozent mehr Sauerstoff als irgendwo sonst. Gas dringt aus dem Boden, das alles langsam macht. Aufgrund von unterirdischen Hohlräumen bricht hier am tiefsten trockenen Punkt des Planeten die Erde ein. Es entstehen Löcher, die tiefer sind als tief. Dieses Phänomen ist auch eine Folge der Verdunstung. Das Salzmeer zieht sich zurück, dadurch strömt frisches Grundwasser nach

I try to insert the tongue into the buckle without making a noise. I had heard that buckling oneself in might be seen as an insult and a sign of having no confidence in the driver.

During the drive he explains that the evaporation of the nearby saline lake is creating a new terrain, a new white spot that has yet to be surveyed and charted. This region is a Pole. It is the most energetic place on earth. The air here contains 4% more oxygen than anywhere else. Gas rises from the ground and slows everything down. Here, at the deepest dry point on earth, the planet crumbles as underground cavities collapse to form sinkholes that are deeper than deep. This phenomenon is a consequence of evaporation. The level of the saline lake has dropped below that of the groundwater level. Underground saltwater is flushed out by freshwater which dissolves subsurface layers of salt, creating cavities and giant sinkholes. In my language the word is something like

und löst Salzschichten in der Erde auf. Zurück bleiben unterirdischen Hohlräume, die zu einem Erdfall führen. In meiner Sprache heißt das ungefähr so was wie ‘verschlucken’, also sind es Verschlucklöcher oder so etwas wie Rachen oder Kehlen. Wer hier läuft, betritt eine andere Welt. Jeder Schritt, den du gehst, kann einen neuen Raum öffnen und im nächsten Moment findest du dich umgeben von schlammigen Sedimenten, allen erdenklichen Kristallen, Gerüchen und Formen. Jedes Mal in einer anderen Farbe: grün, orange, schwarz-schmutzig, feucht und rutschig. Das lässt deinen Puls schneller schlagen. Du bekommst Herzrasen und Schweißausbrüche, dann fängt dein Körper an zu zittern, dann wird dir übel, du hast das Gefühl keine Luft zu bekommen, dann bekommst du Harndrang und dann Stuhldrang. Es wurden schon einige Menschen verschluckt.

Es stimmt, denke ich im Stillen, ich traue weder seinem Fahrstil noch seinen Geschichten.

‘to swallow’ or ‘to gulp down’, so those holes can be described as deep-throated swallowing-holes. Anyone walking here enters a different world. Every step you take can open up a new space. Any moment you can find yourself engulfed by muddy sediments, all kinds of crystals, smells and forms. Every time it’s a different colour: green, orange, black—dirty, slippery and wet. It quickens your pulse. Your heart is racing; you break into a sweat, then you begin to tremble all over. You feel nauseous and like you can’t breathe properly. Then you get the urge to empty your bladder and your bowels. Sinkholes have already swallowed several people.

True, I think to myself, I don’t trust his driving, nor do I believe his stories. As though he could read my mind, he hands me a newspaper, ‘I kept an article about a geologist who only survived because he carried toilet paper. He managed not to go crazy with fear by writing on the soft tissue paper.’ To take my

Als würde er meine Gedanken spüren, reicht er uns eine Zeitung: „Ich habe einen Artikel über einen Forscher aufgehoben, der nur überlebte, weil er Toilettenpapier dabei hatte. Damit er vor Angst nicht verrückt wurde, schrieb er auf das weiche Papier“. Um mich von seinem Fahrstil abzulenken, begann ich zu lesen: Ich weiß nicht ob es Tag ist oder Nacht und es ist mir auch egal. Alles ist möglich, aber ich bin erstarrt, in Gleichgültigkeit eingefroren. Kraftlos sehe ich mir dabei zu, wie ich zu keiner Handlung mehr fähig bin. Ich kann mir nichts Schöneres vorstellen als das, was ich hatte, was war, wie ich gelebt habe. Wird es jemals ein Zurück geben zu etwas, was ich so geliebt habe, zu dem Leben, das ich so geliebt habe? Wie soll es ein Zurück geben, wenn ich an nichts mehr teilhaben kann, wenn ich aus der Realität und aus meinem Leben so herausgerissen wurde, dass ich mich in einem Vakuum befinde? Ein Vakuum von einfach Nichts – in dem jede Verbindung zur Zukunft abgeschnitten ist. Gerade geht es nur

mind off his driving, I began to read: I don't know if it is day or night, and I don't care. Everything is possible, but I am paralyzed, frozen in indifference. Wholly deflated, I watch myself unable to do anything. I cannot imagine anything more beautiful than what I had, what was and how I lived. Will there ever be a return to that which I loved so much, to the life I loved so much? How could there be a return if I can no longer participate in anything, if I have been torn from reality and from my life in such a way that now I find myself in a vacuum? A vacuum of simply nothing—a vacuum in which every link to the future has been cut. What matters now is purely survival and not succumbing to fear. All that remains is me, my breath, my body. Should I live on like this? Is it enough to simply breathe when everything else is smothered and swallowed by the vacuum? When I can only look on passively from the outside and everything else no

ums bloße Überleben, um das Nichtzugrundegehen an dieser Angst. Das einzige, was bleibt bin ich, mein Atmen, mein Körper. Soll ich so weiterleben? Reicht es aus einfach nur zu atmen, wenn alles andere im Vakuum erstickt und verschluckt ist? Wenn ich nur noch unbeteiligt von außen zusehen kann und alles andere nicht mehr Teil hat an dem was um mich geschieht? Ich habe so große Angst vor dem was kommt, dass ich aus dem Vakuum nicht mehr herauskomme, dass es mich mitreißt und verschluckt.

Der Fahrer unterbricht mich und meint, ich solle auf der nächsten Seite weiterlesen, dann könne man sehen welche Phasen der verschluckte Autor durchmache.

Es ist das Beste, was mir je passiert ist. Jetzt macht nur noch das Sinn, was im Moment passiert. Das ist es, warum ich leben will. Das zu analysieren bringt nichts. Eine Analyse kann das nicht fassen, weil sich da etwas entzieht, von dem ich keine Ahnung habe und das ist das

longer has any part in what is going on around me? I am so scared of what is coming, of not being able to extricate myself from the vacuum, of being swept away and swallowed.

The driver interrupts me and suggests I continue on the next page, where I could learn more about the different phases of the swallowed author's ordeal.

It is the best thing that ever happened to me. Now the only things that make sense are those that happen right now. This is why I want to live. There is nothing to be gained by analysing this feeling. Analysis cannot get to the bottom of it, because there is something that remains elusive, something I don't know the first thing about, and that is very liberating. Everything is kind of blown away by a gust of air that is as volatile as a cloud that gathers and covers everything only to evaporate in the sunshine of the everyday. It is unknowable, and no amount of scrutiny changes that. Any attempt of

Befreiende. Alles wird wie weggeblasen von einem Luftzug, der so unbeständig ist wie eine Wolke, die sich zusammenbraut und alles bedeckt um dann in der Sonne des Alltags wieder zu verdunsten. Das ist, was man nicht wissen kann. Da hilft alles Nachdenken nichts. Jeder Versuch das in den Griff zu bekommen, handhabbar zu machen, perlt ab, weil es nicht greifbar ist. Es ist eine Wolke, die mich einhüllt und meine Augen beschlagen lässt. Ich sehe nur noch Wassertröpfchen. Sie verbinden sich, treffen aufeinander und werden halb von der Schwerkraft, halb vom Wind diagonal nach unten gezogen. Sie treffen auf andere Tröpfchen, werden schneller und hinterlassen eine Spur, die hinter ihnen verblasst. Alles treibt nur noch in diese eine Richtung. Es ist ein Kampf zwischen der Schwerkraft und dem Wind. Am Ende bleibt es sich gleich. Alles fließt nach unten, der Wind verlängert nur die wackelige Spur.

coming to grips with it, of making it manageable is futile; it remains intangible. It is a cloud that envelops me and fogs my eyes. All I can see are droplets of water. They come together and are pulled down diagonally by the combined forces of wind and gravity. They converge with other droplets, grow faster and leave a visible trail that pales in their wake. Everything runs in a single direction. It is a struggle between gravity and the wind. In the end, it makes no difference. Everything flows downwards, the wind merely lengthens the wiggly trail.

29. Februar

Hinter uns sind bis zum Horizont kahle Hügel zu sehen. Ihre braune Oberfläche ist durchzogen von ausgetrockneten Wasserrinnen und Spuren von allradgetriebenen Fahrzeugen. Vor uns fallen die Hügel in eine immer heller werdende, weiß kristalline Fläche ab. Es ist heiß. Beim Gehen spüre ich das Pochen meiner Halsschlagader an meinen Händen, mit denen ich mein Gepäck festhalte. Am Horizont taucht ein Gegenstand auf. Aus der Ferne ist er schwer zu erkennen, da er dieselbe Farbe hat wie der Untergrund, auf dem er steht. Nach einer Weile wird der Gegenstand erkennbar – es ist ein weißer 5-Sterne VIP Reisebus. Als wir uns dem Bus nähern, bemerken wir einen Mann, der lesend im geöffneten Gepäckraum sitzt. Er trägt ein gebügeltes weißes Hemd, glatte schwarze Hosen und eine spiegelnde Sonnenbrille mit Goldrand. Als er uns bemerkt, unterbricht er seine Lektüre, um uns Kaffee anzubieten.

29 February

Behind us, all the way to the horizon, we can see barren hills. Their brown surface is marked by dried up gullies and tracks left by all-terrain vehicles. In front of us, the hills make way for a crystalline plain that becomes whiter in the distance. It is hot. As I walk, I feel the throbbing of my carotid artery against my hands steadying my pack. An object appears on the horizon. From a distance it is difficult to make out because it has the same colour as the ground on which it rests. After a while, we identify the object as a white 5-star VIP coach. As we approach, we notice a man sitting in the open luggage compartment, reading a book. He is wearing an ironed white shirt, smooth black trousers and gold-framed mirrored shades. When he notices us, he interrupts his reading to offer us coffee. We ask him if he would like to read aloud. A little bemused, he begins to read:

Wir fragen ihn, ob er laut lesen möchte. Etwas verwundert beginnt er zu lesen:

Wie es stand, ging es fort, die Sonne schien, aber das arme Kind achtete nicht auf den Sonnenschein. Fort und fort lief es, an vielen Erscheinungen vorbei, aber es achtete auf keine Erscheinungen. Fort und fort lief es, an vielen Leuten vorbei, aber es achtete auf keinen Menschen. Fort und fort lief es, bis es Nacht wurde, aber das Kind achtete nicht auf die Nacht. Es kümmerte sich um den Tag nicht, und um die Nacht nicht, um die Gegenstände nicht und um die Leute nicht, um die Sonne nicht und um den Mond nicht und ebensowenig – das Telefon des Busfahrers klingelt. Viele Menschen kommen her um Steine zu studieren. Wegen der Hitze müsse er sie oft schon vorzeitig abholen. Um die Seniorengruppe werde er sich gleich kümmern, meint er, nimmt das Buch wieder zur Hand und fährt fort:

Fort und fort lief das Kind, es dachte sich das Ende der Welt zuerst als eine hohe Mauer, dann als einen tiefen Abgrund, dann als eine

Just like that it set off, the sun shone, but the poor child took no notice of the sunshine. On and on it ran, past many sights, but took no notice of the sights it passed. On and on it ran, past many people, but took no notice of anyone. On and on it ran, until nightfall, but the child took no notice of the night. It gave heed neither to day nor night, neither to objects nor people, gave no heed to the sun and none to the moon and every bit as little to—the driver's phone is ringing. Many people come here to study rocks. Because of the heat, the driver has to collect many of his passengers before the appointed time. He explains that he is going to take care of a senior citizens group in just a moment, picks up the book and continues to read:

On and on the child ran, imagining the end of the world first as a high wall, then as a deep abyss, then as a beautiful green meadow, then as a lake, then as a polka-dotted cloth, then as a thick wide paste, then simply

schöne grüne Wiese, dann als einen See, dann als ein Tuch mit Tüpfelchen, dann als einen dicken, breiten Brei, dann als bloße reine Luft, dann als eine weiße, saubere Ebene, dann als Wonnemeer, worin es immerfort schaukeln könne, dann als einen bräunlichen Weg, dann als gar nichts oder als was es leider selbst nicht recht wusste.

Das Telefon des Busfahrers klingelt erneut. Sein Gesicht hellt sich auf und er beginnt in einer Sprache zu sprechen, die wir nicht verstehen. Grinsend schaut er dabei zu uns herüber. Nach dem Gespräch sagt er, dass es sein Sohn gewesen sei. Er wäre in unserem Alter, lebe aber jetzt im Ausland, wie viele junge Leute von hier. Alle wollen sie weg.

Wir fragen ihn, ob er wisse wo der Pol sei. Er meint, dass er es selbst leider nicht weiß, aber einen Freund aus der Gegend habe, den er anrufen kann. Kurz darauf drückt er uns den Hörer in die Hand. Die Stimme am anderen Ende der Leitung gibt uns in einem etwas

as pure air, then as a clean white plain, then as a sea of bliss in which it could rock forever, then as a brownish path, then as nothing at all or as something the child itself, alas, couldn't quite identify.

The telephone rings again. His face lights up and he begins to speak in a language we don't understand. Grinning, he looks our way. After the conversation, he tells us that he had been speaking with his son. He is our age, but he lives abroad, like many young people from these parts. Everybody wants to leave.

We ask him if he knows where the Pole is. He says that unfortunately he does not, but that he has a friend in the area whom he could call. A moment later he hands us the receiver. In halting English, the voice at the other end of the line tells us 'I saw a pole lying a bit further down. I think it was a traffic sign before, because there is still a cement base on its lower part. But you could throw a big heavy stone at it until the cement cracks

schwer verständlichen Englisch folgenden Hinweis: ‚I saw a pole lying a bit further down. I think it was a traffic sign before, because there is still a cement base on its lower part. But you could throw a big heavy stone at it until the cement cracks and then it would certainly be a perfect Pole.' Wir bedanken uns bei den beiden und machen uns summend auf den Weg.

hm mmmmm hm m hm m m hmmmm
sing ho hm m hm m mm mmm
sing ho hm h hm of a bear
hm mmmmm hm the expedition

its a fine day hm mm mmm theres a tiny little hmmmm
hm hm hmm hmhmm hmh hm mhmm
hm hmmmmm

hm mmmmm hm m hm m m hmmmm
hm mmmmm hm m hm m mm mmm
sing mmmm hm h hm of a bear
sing ho for the hm m mm mmm

and then it would certainly be a perfect Pole.' We thank both of them and set off humming under our breath.

hm mmmmm hm m hm m m hmmmm
sing ho hm m hm m mm mmm
sing ho hm h hm of a bear
hm mmmmm hm the expedition

its a fine day hm mm mmm theres a tiny little hmmmm
hm hm hmm hmhmm hmh hm mhmm
hm hmmmmm

hm mmmmm hm m hm m m hmmmm
hm mmmmm hm m hm m mm mmm
sing mmmm hm h hm of a bear
sing ho for the hm m mm mmm

Der Vierte Pol
The Fourth Pole

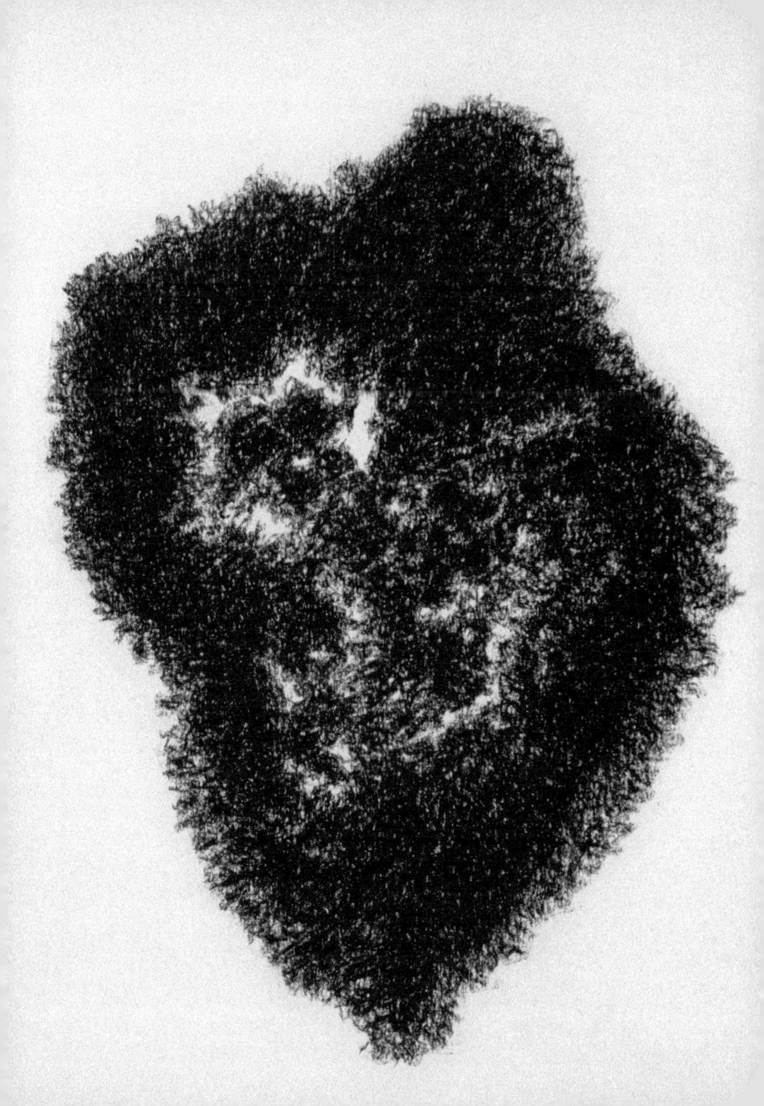

القُطب الرّابع
بقلم جوليا ويرشينغ
وجابرييل هنشيه

הקוטב הרביעי
מאת ג׳וליה וירשינג
וגבריאל הנשה

المحررين: جوليا ورشينج وغابرييل هينش
نص ورسوم اليوميات: جوليا ورشينج وغابرييل هينش
التصميم الجرافيكي: لوكاس كونغ و جيوليا شيلم
(Burrow, Berlin)
النص التمهيدي: تومكي برون
ترجمة: ياسمين ضاهر (العربية/الإنجليزية)،
شيرلي عيران (الإنجليزية/العبرية)،
كارولا كلاينشتوك-شولمان (الألمانية/الإنجليزية)
تحرير النص: جوليان بوغينفيلد
التدقيق اللغوي: كاثرينا كونز (الألمانية/الإنجليزي)،
حسن سولانون ميلونجينا (العربية)،
شيرلي عيران (العبرية)

ورق: Design Offset White 120 g/qm،
Sirio Color Nero 170 g/qm،
bound in Genuin PU Latte 33107
الطباعة والتجليد: DZA Druckerei zu Altenburg

الناشر: Edition Taube

ISBN 978-3-945900-43-7

تمويل النشر: وزارة العلوم والبحوث والفنون
في بادن-فورتمبرغ

Baden-Württemberg
MINISTERIUM FÜR WISSENSCHAFT, FORSCHUNG UND KUNST

نود أن نشكر كل من قدم الدعم لجولتنا
الإستكشافية: شلومو سيري، مضيف معسكرنا
المتوسط. روبرت فالسر، مؤلف القصة التي
أخبرنا بها سائق الحافلة. جون سميث، الذي
طاردت يومياته عن الفنادق حلمنا. ويني ذا بو،
الذي رافق لحنه الحملة الإستكشافية. كل
الأشخاص الذين لم نعرفهم ولكنهم ساعدونا
في العثور على الطريق

יומן ורישומים: ג׳וליה וירשינג וגבריאל הנשה
יומן: ג׳וליה וירשינג וגבריאל הנשה
עיצוב: לוקאס קונג וג׳וליה שלם
(Burrow, Berlin)
טקסט מבוא: טומקה בראון
תרגום: יסמין דאהר (אנגלית/ערבית),
שירלי ערן (אנגלית/עברית),
קרולה קלנייסטאק-שולמן (גרמנית/אנגלית)
עריכה: ג׳וליאן בוגנפלד
הגהה: קתרינה קונץ (גרמנית/אנגלית), חסן
סולנון מלונגנה (ערבית), תמי קרן (עברית)

נייר: Design Offset White 120 g/qm,
Sirio Color Nero 170 g/qm,
bound in Genuin PU Latte 33107
דפוס וכריכה: DZA Druckerei zu Altenburg

מוציא לאור: Edition Taube

ISBN 978-3-945900-43-7

מימון: משרד המדע, המחקר והאמנות של
באדן-וירטמברג

Baden-Württemberg
MINISTERIUM FÜR WISSENSCHAFT, FORSCHUNG UND KUNST

ברצוננו להודות לכל מי שתמכו במשלחת:
שלמה סרי, המארח בחניית הביניים שלנו.
רוברט ואלזר, מחבר הסיפור שסיפר לנו נהג
האוטובוס (פה בתרגום של רן הכהן, בהוצאת
ספרית הפועלים). ג׳ון סמית, ש״יומני המלון״
שלו רדפו אותנו בחלומותינו. פו הדוב, שמ־
נגינתו ליוותה את המשלחת (א״א מילן, פה,
חלקית, בתרגום של אבירמה גולן, בהוצאת
סטמצקי). האנשים חסרי השם שעזרו לנו
למצוא את דרכנו.

الرّابع أو عن الاكتشاف

نصّ ل تومكي براون

البعثات الاستكشافيّة هي رحلات بحث واكتشاف، وغالباً ما يكون المُكتَشَف حيواناً أو نباتاً أو مكاناً أو معدناً أو بلاداً. تقوم فكرة الاكتشاف على أن ما يتم اكتشافه لم يكن معروفاً فيما سبق، على الأقل من منظور الشخص الذي يقوم بالرحلة، فحتى لو عثر المُستَكشِف على ما هو معروف مسبقاً، دون علمه بذلك، يُعد ما قام به رحلةً استكشافيّة. حيث أن المهم هو وجهة نظر المُستَكشِف.

تحتوي يوميات الرحلة الاستكشافيّة المعروضة على ذكرياتٍ ورسومات بالفحم للبعثة الاستكشافيّة الأولى إلى القطب الرابع. وعلى النقيض من قمة جبل

הקוטב הרביעי על הגילוי

טקסט מאת טומקה בראון

משלחות מחקר הן מסעות של סיור וגילוי. הגילוי הוא בדרך כלל של בעל חיים, צמח, מקום, מינרל או קרקע. רעיון הגילוי מבוסס על ההנחה שהממצא לא היה ידוע קודם לכן – לפחות מנקודת מבט של האדם שיצא למסע. חוקר עשוי להאמין כי חשף תגלית חדשה, אולם ייתכן שהממצא כבר היה ידוע לאחרים. לפיכך, נקודת מבטו של החוקר היא ההופכת משלחת חקר לכזו.

יומן משלחת המחקר המוצג כאן מקבץ יחדיו זיכרונות ואיורי פחם של המסע הראשון לקוטב הרביעי. בניגוד להר אוורסט, הנקודה

إفرست، وهي أعلى نقطة على سطح الأرض والتي يشار إليها باسم القطب الثالث، فإن القطب الرابع هو أدنى بقعةٍ في القارات الخمس. تقع هذه البقعة الجغرافيّة في منطقةٍ لا مثيل لها، تتميّز بعقودٍ من الخلافات السياسيّة بين الأديان والدول. تتخذ هذه البقعة هيئتها الحاليّة نتيجة انخفاض مستوى المياه في البحر الميت. تُغيّر البعثة الاستكشافيّة طريقة النظر المتحيّزة ضد هذه البقعة من الأرض وذلك من خلال إعلانها قطباً رابعاً، ما يتيح حيزاً للخيال ليس محصوراً بالإحداثيات القومية، وإنما يتم تعريفه من خلال الإحداثيات الطبوغرافية وإحداثيات السيرة الذاتية. ومن المفارقة، أنه من خلال القطب الرابع، يُنتِج المُستكشفان مكاناً ليس فقط غير معروفٍ لهما، بل يتوجب عليه ربّما أن يبقى كذلك، بينما يتفكّك النصّ الذي أنتجاه قبل أن يصلا وجهتهما. ينعكسَ خيال المكان الواعي لذاته بواسطة الرسومات المرسومة بالفحم الأسود المُعاد إنتاجها هنا.
حيث تظهر تقاطيع وارتفاعات توحي بأرضيّة القطب الرابع. يبقى التظليل بالرسومات غامضاً ويعطي تعبيراً مرئياً عن عدم يقين المستكشفين بوجهتهم التي تشكّلت فقط من خلال الترحال.

הגבוהה ביותר על פני כדור הארץ, המכונה לעתים הקוטב השלישי, הקוטב הרביעי הוא הנקודה היבשתית הנמוכה ביותר. נקודה זו, ממוקמת על אדמה שצולקה, יותר מכל אזור אחר, במשך עשרות שנים של סכסוכים פוליטיים בין דתות ומדינות. מקור צורתה הנוכחית חדש יחסית, כתוצאה מהתרדדות מפלס ים המלח. משלחת המחקר מעתיקה את נקודת המבט המוטה אל קרקע זו על-ידי הכרזה על האזור כקוטב. בכך היא פותחת מרחב דמיוני המוגדר פחות על-ידי קואורדינטות לאומיות ויותר על-ידי קואורדינטות טופוגרפיות ואוטוביוגרפיות. באופן פרדוקסלי, בהקשר של הקוטב הרביעי, שני מגלי העולם מייצרים מקום שאינו ידוע להם ואשר ייתכן כי יצטרך להישאר כך. בהתאם לכך, הטקסט שהם יוצרים במהלך מסעם נקטע לפני שהם מגיעים ליעדם. גם תהליך העלאתו של מקום בדמיון משתקף באיורי הפחם השחור המופיעים כאן. מוצגים בהם תבליטים והם מתכנסים אל קווי מתאר מרכזיים המרמזים על פני הקרקע המצולקים של הקוטב הרביעי. ההצללה נותרת מעורפלת ונותנת ביטוי ויזואלי לחוסר ודאותם

لعِبت السجلّات السّمعيّة والمرئيّة دوراً حاسماً في حملات الاستكشاف، فهي توّثق حقيقة حصول الحملات كما توثق أحداثها ونتائجها. تأخذنا السجلات القادمة من القطب الرابع في رحلةٍ ذهنيةٍ في المقام الأول، يقابلها مسار مُتباين، يعبر تضاريس الأرض الجافة، التي يحكي كل شَقٍّ وكل ثلم فيها قصة حربٍ وحصار. يقطع المستكشفان الطريقً عبر جغرافيّة المنطقة ويتمعنان بالأشياء التي تمرّ بطريقهما كما يتمعنان بذواتهما. وبالتالي، فالقطب الرابع هو بقعة حقيقية على الخريطة، ولكنه قبل أي شيء مكان خيالي، وفقط من خلال تخيّله يتمكن الرحالة من التقدم على الأرض يرافقهما إحساسٌ بالهدف.

في 2 آب 2007، وصلت مير-1 إلى هدفها في قاع البحر عند عمق 1624 متر تحت مستوى سطح البحر. هذا اللامكان الذي يتميز بعدم إمكانية الوصول إليه، يشير (تقريباً) إلى القطب الشمالي الجغرافي. وبأمر من الحكومة الروسيّة زرع طاقم الغواصة علماً روسياً مصنوعاً من التيتانيوم حتى تكون نيّة روسيا الاستئثار بمنطقة القطب الشمالي ومواردها، واضحةً جليّة.

العديد من الحملات الاستكشافية ذات دوافع سياسيّة. إنهم لا يكتشفون فقط، بل أيضاً يطالبون بامتلاكالمُكتشَف. علمٌ متروكٌ في المكان يرمز إلى ذلك

של החוקרים ביחס ליעדם, שנוצר רק מעצם יציאתם למסע.

תיעוד מילולי ויזואלי מילא תמיד תפקיד מכריע במשלחות מחקר; הוא מתעד את עצם העובדה שהמסע התקיים ואת התוצאות שהניב. התיעוד מהקוטב הרביעי לוקח אותנו למסע נפשי בעיקרו, התואם לנתיב האמביוולנטי בשטח שבו כל סדק וכל חריץ באדמה הצחיחה מספרים סיפור של מצור ומלחמה. שני מגלי הארצות חוצים את המרחב כשהם מתבוננים בדברים שבדרכם, בה במידה שהם מתבוננים בעצמם כפי שהם משתקפים בסביבתם. הקוטב הרביעי הוא לפיכך מקום גיאוגרפי ממשי על המפה, אך מעל לכל הוא מקום דמיוני, ועל ידי העלאתו בדמיונם, מתאפשר למגליו לנוע בתנאי השטח הקשים כשהם חדורי תחושת מטרה.

ב-2 באוגוסט 2007 הגיעה מיר-1 ליעדה על קרקעית הים, בעומק של 1624 מטר מתחת לפני הים. מקום-לא-מקום זה, שייחודו נובע בעיקר מאי-נגישותו, מסמן את הקוטב הצפוני הגיאוגרפי. בהוראת ממשלת רוסיה, תקע צוות הצוללת דגל רוסי עשוי טיטניום בנקודה זו, כשהוא טוען

وفي الوقت نفسه يُحتفى بالمُستكشفين، ويعلن عن المكان أرضاً مُكتشفة.

في مهمات كتلك التي خاضتها مير-1، تحجِب رمزيّةُ الحدث ما يمكن تعلّمُه، فغالباً ما تسيطر قصة البعثة الاستكشافيّة الناجحة، والعلم الذي يرفرف في أعماق البحر، على التغطية الإخباريّة للحدث. وهكذا يتبنى مستكشفونا استراتيجيات وإيحاءات تتعلق بالأساطير المؤسّسة، ويكشفون عن عبثيتها المُطلقة. فالعلم الذي حملوه معهم ليس رمزاً للهيمنة بل يرمز الى غاية الرحلة الاستكشافيّة ويُمثّل المكان الذي غُرِس بغية الإشارة إليه.

انطلق كريستوفر روبن وأصدقاؤه إلى القطب الشمالي دونن أن يعرفوا موقعه أو ماهيته. تخيلوه وتداً مغروساً في الأرض (كلمة قطب «pole» بالإنجليزية تعني أيضاً وتداً أو صارية). خلال الطريق يسقط أحد أعضاء المجموعة في الماء فينقذونه بمساعدة عصا، وعندئذٍ يعلن كريستوفر روبن أن الرحلة قد انتهت، ليغرسوا عندها تلك العصا في الأرض، معلقين عليها رسالة نصُّها: «تم اكتشاف القطب الشمالي من قبل بوه، بوه وَجَدَهُ».

كلمة «expedition» مشتقة من الكلمة اللاتينية expedire والتي تعني فكّ الرباط أو التحرير.

לבעלות רוסיה על האזור הארקטי ומשאביו.

משלחות רבות מונעות ממניעים פוליטיים. מטרתן אינה רק לגלות, אלא גם לטעון לבעלות על הממצא. דגל שנותר אחריהן באתר מסמל תביעת בעלות זו, כשהוא מנציח את החוקרים ומציין את המיקום כתגלית.

במשימה כמו זו של מיר-1, נוטה מטענו הסמלי של המבצע להאפיל על התובנות שהיא מניבה. נרטיב המשלחת המוצלחת, הנתמך על-ידי תמונה תת-מימית של הדגל, נוטה להשתלט על הדיווחים בעקבות האירוע. חוקרינו העשויים לבלתי חת מאמצים את האסטרטגיות והסימבוליזם של מיתוסים בסיסיים כאלה וממחישים את מופרכותם. הדגל שלקחו עמם למסע אינו סמל הגמוני; הוא מתאר את יעד המשלחת ובכך מייצג את עצם המקום שהצבתו נועדה לסמן.

כריסטופר רובין וחבריו יוצאים לציר הקוטב (The North Pole) הצפוני, מבלי לדעת מהו או היכן הוא נמצא. הם מדמיינים אותו כמוט (pole) הנעוץ באדמה. בדרכם נופל אחד מחברי הקבוצה לנחל וחבריו מחלצים אותו

مع أخذ هذا بعين الاعتبار، فإن المستكشفين للقطب الرابع يشقون طريقاً جديداً قد يُمكّنهم من التحرر من المسارات المعهودة، وكذلك يفتح المجال أمامهم لتخيّل الأرض المشحونة تاريخياً من جديد. وبالتالي يفتح المجال أيضاً لتصنيفها كأرض غير معروفة وذلك عن طريق اكتشافها وإعادة إنتاجها كقطب.
عن طريق إعادة اكتشاف ما كان قد أُكتُشِفَ، يتم إدراك الأعماق المجهولة للقطب الرابع.

בעזרת מוט, אז מכריז כריסטופר רובין כי המשלחת הגיעה ליעדה. הם תוקעים את המוט באדמה וקושרים אליו הצהרה: 'הציר הצפוני. המגלע: פו. פו מצא אותו'.

המילה expedition (משלחת) מקורה במילה הלטינית expedire, שמשמעותה להתיר, להוציא לחופשי. ברוח זו, יוצאים חוקרי הקוטב הרביעי למסעם, במסלול שבו יוכלו אולי לחרוג מנתיבים מוכתבים מראש ולדמיין את הנוף בעל המטען ההיסטורי כקטגוריה חדשה, לא נודעת, באמצעות גילויו והמצאתו מחדש כקוטב. בגלותם מחדש את הגילוי, הם יורדים לעומקו הלא ידוע של הקוטב הרביעי.

يوميّات بعثة استكشافيّة إلى أعمق نقطة جافة على وجه الأرض

بقلم جوليا ويرشينغ وجابرييل هنشيه

10 شباط

بعد يومين من الهبوط المستمر قابلنا رجلاً صغير الحجم، شائب الشعر، يضع نظارات طبيّة مدوّرة ويسكن على أطراف المدينة في بيتٍ على رأس تلّة، يتقاسمه مع قطتين سوداوين. لقد تحوّلت غرفة الضيافة في بيته إلى معسكر لنا. الغرفة مليئة بأثاث قديم تكسوه أغطية من الكتانً الأبيض. على الجدران صور مناظر طبيعية تُذكرنا بالصحراء، تحتوي أحياناً على

יומן מסע אל הנקודה היבשה הנמוכה ביותר על כדור הארץ

מאת ג׳וליה וירשינג וגבריאל הנשה

10 בפברואר

לאחר הליכה של יומיים במורדות, אנו פוגשים איש קטן קומה, אפור שיער ובעל משקפיים עגולים. הוא גר בקצה העיר, בבית על גבעה שאותו הוא חולק עם שני חתולים שחורים. חדר המגורים שלו הופך למחנה הזמני שלנו. החדר מלא ברהיטים ישנים, מכוסים בסדיני פשתן לבנים מהסוג המשמש להגנה מאבק. מהתמונות על

مبانٍ معماريّة أو على آثار متفرقة. مضيفنا مصوّرٌ مُحترفٌ مهووسٌ بآثار الإنسان في المساحات الخالية. يُخرج ملفّاً من أحد الأدراج ويرينا صوراً لحمّام سباحةٍ جافٍّ وإشارات مروريّة مع معالم معماريّة مبيّضة وصوراً لبنايات تهدّمت من حول هياكلها المصنوعة من الباطون المسلّح، ولِنصف فندق ولقرى مهدّمة، لطرق منهارة ولكتل من الباطون مرسوم عليها X بالأبيض. عندما أخبرناه عن بعثتنا اقترح مرافقتنا إلى حدود الصحراء.

11 شباط

في الصباح خرجنا معاً. أثناء السياقة أشار إلى أنه غالباً ما يختلف هو وزوجته حول الطريق. طلبتْ منه في إحدى المرّات أن يواصل المسير إلى الأمام، رغم أنهما كانا قد وصلا نهايتها.

12 شباط

علمُنا الذي يحتوي على ثقبٍ أبيض، أثار حفيظة مجموعةٍ من الجنود الشبابً الذين أوقفوا سيارتهم -التي بلون الرمال- بجانبنا، وقد تبيّن أن رفيقنا الجديد وسيطٌ مفيدٌ في المفاوضات مع الجنود المرتبكين.

הקירות ניבטים נופים דמויי מדבר, מנוקדים פה ושם בסימני דרך מקריים או בשרידים אדריכליים. מארחנו הוא צלם עם אובססיה ניכרת לסימנים אנושיים בנופים ריקים. הוא שולף ממגירה תיקייה ומציג בפנינו תצלומים של בריכת שחייה יבשה, שלטים עם תמונות אדריכליות דהויות, מבנים שהתפוררו סביב שלדי הבטון שלהם, חצי בית מלון, כפרים מצולקים, כבישים שקרסו ובלוקים מבטון עליהם רוסס X לבן. כאשר אנו מספרים לו על המשלחת שלנו, הוא מציע ללוות אותנו עד שולי המדבר.

11 בפברואר

עם בוקר אנו יוצאים יחדיו לדרך. במהלך הנסיעה הוא מציין שבינו ובין אשתו נתגלעו מחלוקות רבות בענייני ניווט. פעם היא אמרה לו להמשיך ישר, על אף שהדרך בה נסעו הגיעה לקיצה.

12 בפברואר

דגלנו, שעליו חור לבן, מעורר את חשדה של קבוצת חיילים צעירים, והם עוצרים את מכוניתם בצבע החול לידנו. מסתבר ששותפנו החדש הוא מתווך מועיל במשא ומתן עם החיילים המבולבלים.

14 شباط

لقد علمنا هذا الصباح أن رفيقنا لا يستطيع مرافقتنا أبعد من هذه النقطة. حيث يتوارى الطريق في رمال الصحراء. نودعه على مضض وهو يبدي توتراً وتردداً إزاء تركنا وحدنا في الصحراء. عندما نلتفت نجده يقف بجانب سيارته الزرقاء. كلامه وقلقه يثيران المزيد من فضولنا، وبعد أن كنا قد قطعنا نهراً، نلتفت ثانية، فنرى نهاية الطريق مهجورةً. نحن الآن وحدنا.

15 شباط

تمتد الصحراء أمامنا، يانعةً خضراءَ متلألئة. الشمس ساطعة. تلوح في الأفق سيارةٌ تسابق غيمةً من الغبار ثم تتوقف قبالتنا. تُفتح أبواب السيارة ليهبط منها رجلٌ ويتوجهُ نحونا. تتوقف الأنفاس في حلقي. يتوقف الرجل ليلتقط حجراً ويلقيه على حافة الطريق ثم يعود أدراجه إلى داخل السيارة حيث تنتظر زوجته وابنه. تنتشر ابتسامة على محيّاه. نشعر بالغباء. لقد سمحنا لقلق رفيقنا أن ينتشر بيننا.

14 בפברואר

הבוקר מתברר לנו שבן לווייתנו לא יוכל ללוות אותנו עוד. במקום שבו הכביש דועך אל תוך החול המדברי, אנו נפרדים ממנו בלב כבד. הוא נראה מתוח ומהסס לעזוב אותנו כך להתמודד בכוחות עצמנו עם המדבר. כשאנחנו פונים, אנו רואים אותו עומד ליד מכוניתו הכחולה הקטנה. דבריו וחוסר השקט שלו מקהים את סקרנותנו. לאחר שחצינו נהר, אנו פונים שוב, אבל סופה של הדרך כבר נטוש. אנו לבדנו.

15 בפברואר

פורח, נוצץ וירוק, משתרע המדבר לפנינו. השמש קופחת. מכונית מופיעה באופק וענן אבק מיתמר בעקבותיה. היא נעצרת מולנו. הדלת נפתחת. אדם יוצא ובא לקראתנו. נשימתי נעתקת. הוא מתכופף ומרים סלע. הוא משליך אותו לצד הדרך, מסתובב ונכנס בחזרה למכוניתו, שם ממתינים לו אשתו ובנו. חיוך מתפרש על פניו. אנו מרגישים טיפשים. אפשרנו לעצבנותו של בן לווייתנו לדבוק בנו.

17 شباط

على ارتفاعات عالية يصاب المتسلقون غير القادرين على التأقلم بالصداع والغثيان والهلوسة. «تسلّق عالياً، ثم عُد أدراجك لتنام في الأسفل» هو قانون تبنّاه متسلقو الجبال في محاولتهم لاستكشاف القطب الثالث - حيث أن الهواء خفيف على جبل ايفرست. بعكس ذلك «اهبط إلى الأسفل، واخلد للنوم في المرتفعات» هو قانون القطب الرابع، وذلك بسبب الأمطار الغزيرة التي يمكن أن تسبب فيضانات مميتة تغمرُ الأودية والفوهات المنخفضة. في المساء، نبحث عن بقعةٍ من الأرض المستوية تصلح للتخييم ليلاً. من هنا نتأمل المشهد الصحراوي: فضاء غير مكتمل ولا نهائيّ، يمكن ان يكون منصة للبعض ومأساة للآخرين. نسمع هديراً مجلجلاً عبر قماش الخيمة الرقيق. ننسى المشهد وننطلق نصف عراةٍ إلى الخارج دون أن ننجح في تحديد مصدر الصوت.

في تلك الليلة حلمت بكِ: كنّا نقف قبالة حاجز أمنيٍّ من نوع ما، كنت قد سمعت بهذه الحواجز، لكنني صُدمت جرّاء ضخامتها. كنا قد دخلنا إلى ساحةٍ تتسع لمئات الأشخاص وتنتهي بمّمر منحدِرٍ طويل يقود إلى منصّة المعبر. عندما التفتُّ إلى الوراء باحثاً عنك، رأيت خلفي جملاً. في النهاية لمحتك وقد سبقتِني

17 בפברואר

כאבי ראש, בחילות והזיות עלולים להכריע מטפסים שלא הסתגלו די הצורך למקומות גבוהים במיוחד. לטפס גבוה; לישון נמוך, זהו כלל ברזל שאימצו מטפסי הרים בניסיונם להעפיל לקוטב השלישי - האוויר על הר האוורסט דליל. הקוטב הרביעי מצריך, לעומתו, ירידה במדרונות, ושינה על משטחים מוגבהים. זאת היות שגשם עלול להוביל לשיטפונות פתע קטלניים שיציפו את המכתשים והעמקים הנמוכים. בערבים, אנו מוצאים פיסת אדמה מוגבהת לחנות בה למשך הלילה. מכאן אנו סוקרים את הנוף המדברי: מרחב ראשוני, אינסופי, היכול לשמש במה עבור אנשים מסוימים ולהפוך לטרגדיה עבור אחרים. זמזום רועם חודר דרך דפנות האוהל הדקות; אנחנו שוכחים את הבמה. חצי עירומים, אנו ניצבים בחוץ בחושך, לא יכולים לזהות את מקור הצליל המתקרב.

באותו לילה חלמתי עלייך. עמדנו לפני מחסום מסוג כלשהו. שמעתי על המחסומים האלה, אבל נדהמתי לראות כמה גדולים הם. נכנסנו לאולם כניסה גדול היכול להכיל כמה מאות

بعض الشيء فحاولت اللّحاق بك. انتشرت أسوار وحواجز في القاعة لتوجيهنا على طول مسارٍ يلتوي يميناً ويساراً. تتبّعني الجَمل ببطءٍ إلى مبنى المعبر. شعرت ببدني يقشعرّ قليلاً، لكني لاحظت أن الحيوان يبذل كلَّ جهده حتى لا يدوس قدمي، ذلك رغم ما يواجه من صعوبةٍ بسبب المنحدر الحاد. ليس بعيداً أمامنا كان الحرّاس يقفون خلف نوع من الجدار الزجاجي، يصدرون أوامرهم بصوتٍ مرتفعٍ من بعيد عبر مكبر صوت مخصّص لمخاطبة الجموع.

أمام الحائط الزجاجي كانت ممرّات تشبه البوّابات الدوّارة، وُضعت فوق أضواء: أحدها أحمر والثاني أخضر. ساعدتُ الجمل في إدخال أقدامه العريضة بين القضبان المعدنية، وأدرتها خطوةً خطوة بحذر. رأينا أمامنا بوابةً أمنيّةً تُصدِرُ صوتاً متقطّعاً لحظة اكتشافها لمعدنٍ ما. إلى جانب البوّابة كان ثمّة حزامٌ متحرّكٌ نضع عليه كلَّ ما نحمل قبل أن نمر. عندما جاء دورنا لعبور البوابة حنى الجمل سيقانه وسنامه ليمرّ تحت البوّابة. عند البوّابة المجاورة وقفت امرأةٌ لم يُسمح لها بالعبور. لقد طلبوا منها أن تخلع حذاء تقوِيم العِظام الذي كانت ترتديهِ، فأذعنت على مضضٍ رَغم الألم. رجلها كانت مشوهة وعليها ضماداتٌ مشرّبةٌ بالدم والصّديد. وضعت الحذاء على الحزام المتحرك محاولةً عبور

אנשים. משם הוביל כבש ארוך לכיוון המסוף. כשהסתובבתי לחפשך, הבחנתי בגמל מאחוריי. בסופו של דבר ראיתיך הרחק לפניי וניסיתי להדביקך. באולם היו מעקות ומחסומים שנועדו לתעל אותנו לאורך השביל, בזגזוג איטי משמאל לימין ומימין לשמאל. הגמל הלך אחריי לאטו לתוך בניין המסוף. נתקפתי בחילה קלה, אך שמתי לב שהחיה עשתה כמיטבה שלא לדרוך על כפות רגליי, על אף שהתקשתה לצעוד על הכבש התלול.

קצת לפנינו עמדו מאבטחים מאחורי קיר זכוכית כלשהו, מחלקים הוראות שנשמעו למרחוק במערכת כריזה רועמת. לפני קיר הזכוכית ניצבו מעין מחסומי כניסה מסתובבים. מעל כל מחסום היה צמד נורות, אחת אדומה ואחת ירוקה. סייעתי לגמל להציב את פרסותיו הרחבות בין סורגי המתכת של המחסום וסובבתי בעדינות את המחסום עם כל פסיעה שלו. ראינו לפנינו שער ביטחון. השער משמיע צפצוף כשהוא מזהה חפצים מתכתיים. לידו מסוע שעליו אנו מניחים את כל מה שאנו נושאים. כשמגיע תורנו לעבור בשער, הגמל מכופף את רגליו הקדמיות ולאחר מכן את האחוריות, ומתיישב תחתיו. בשער

البوّابة ثانية. كان هنالك مجموعةٌ من الناس تناديها من وراء البوّابة. لم أفهم ما يقولون ولكني افترضت أنهم يعطونها نصيحةً حول الطريقة المثلى لعبور البوّابة. لقد حاولت، ولكن البوّابة أصدرت صوتاً متقطّعاً مرّةً أخرى. وقفت المرأة تتوسل الحرّاس يائسةً كي يسمحوا لها بالمرور، لكنهم لم يتأثروا بمأساتها، فاستسلمت ومرّت بنا تعرُج عائدة أدراجها من حيثُ أتت. لم نواجه مشاكل وعبرنا البوابة. في البداية سمعنا صوتاً خفيفاً، ثم أُعطينا الضوء الأخضر للمضيّ قُدماً. قام الجمل على سيقانه الأمامية ثم الخلفية، ليصبح بإمكاننا العبور، واحدا تلو الآخر.

18 شباط

بهدف اكتشاف مصدر الصوت الذي كنّا قد سمعناه الليلة الماضية، تتبّعنا آثار الجرافة المجنزرة فوصلنا صبيّاً يعتلي حماراً أبيض. الصبيّ يلبس معطفاً جلديّاً ذا مقاسٍ أكبر بكثير من مقاسه. طلب منا سيجارة، كلانا لا يدخن.

שלידנו אישה שלא הורשתה לעבור. לרגלה מגף אורתופדי, אותו הצטוותה להסיר. בהיסוס ובכאב היא הסירה את מגפה. רגלה הייתה מעוותת, חבושה תחבושת ספוגה בדם ומוגלה. היא הניחה את המגף על המסוע והתקרבה שוב אל השער. הקבוצה בצדו השני של השער קראה לה. לא הצלחתי להבין את דבריהם, אך הנחתי כי יעצו לה כיצד לעבור. היא ניסתה, אך השער שב וצפצף. נואשת, היא התחננה בפני המאבטחים שיניחו לה לעבור. הם לא שעו למצוקתה. בסופו של דבר התייאשה. חלפה על פנינו בצליעה ושבה כלעומת שבאה. אנו עברנו בשער בלי בעיה. תחילה שמענו את צליל הזמזום, ואז ניתן לנו האור הירוק המורה להתקדם. הגמל יישר את רגליו האחוריות ולאחר מכן את הקדמיות, והורשינו לעבור, זה אחר זה.

18 בפברואר

כדי לגלות את מקור הזמזום מהלילה הקודם אנו עוקבים אחר סימני הדחפורים בחול ומגיעים לילד רכוב על חמור לבן. הילד לובש מעיל עור הגדול בהרבה ממידותיו, ומבקש מאיתנו סיגריה. איש מאיתנו אינו מעשן.

20 شباط

نمشي في وادٍ تنبت وسطه شجيرات قصيرة. تُذكّرنا الأخاديد والأثلام التي تميّز الأرض المشقّقة التي نمشي عليها بأننا نسير في مجرى نهر جارف. طريق ضيّق يقودنا خارج الوادي. عندما نصل إلى الأعلى نشاهد خيمةً بيضاء اللون. ينبح كلب فينضمّ إليه آخرُ بالنّباح. نتوقف قليلاً ونفكر إذا ما كنا نريد أن نتجاوز الخيمة دون أن نلفت الأنظار. كان من غير الطبيعي أن نترك طريقنا فقط لأنها تمر بخيمة، وهكذا قرّرنا أن نستمر في الطريق. بينما كنا نقترب رويداً رويداً من الخيمة، رأينا رجلاً ينزل بسرعةٍ من التلة المقابلة. تقِفُ امرأةٌ كانت تجلس في واجهة الخيمة وتُلَوّح لنا. نرى أولاداً وكذلك رجلاً يلتقط أنفاسه. لم يبقَ أمامنا مفرٌّ من قبول الضيافة.

21 شباط

نرى في الأفق حجراً كبيراً داكناً. عندما حاولنا النظر إليه مجدّداً، وجدنا في مكانه جملاً يقوم ويذهب مبتعداً.

20 בפברואר

אנו הולכים בוואדי ששיחים נמוכים צומחים לאורך קו האמצע שלו. החריצים והקמטים על פני הקרקע הסדוקה שלרגלינו מזכירים לנו את הזרמים המסוכנים השוצפים לאורך נחל אכזב זה בתקופות אחרות בשנה. שביל צר מוביל אותנו אל מחוץ לעמק. כשאנו מגיעים לפסגה, אנחנו רואים אוהל לבן. כלב נובח, וכלב נוסף מצטרף אליו. אנו עוצרים ושוקלים לעקוף את האוהל, מבלי למשוך תשומת לב. אבל סטייה מהשביל רק משום קרבתו לאוהל נדמית מוזרה, ולכן אנחנו מחליטים לדבוק בו. עם התקרבנו האיטית למקום המגורים, גבר מגיע בריצה במורד הגבעה שמשמאל. אישה מתרוממת ממקום מושבה שלפני האוהל ומנופפת לעברנו. ילדים מתחילים להופיע וכן גם גבר מתנשף. אין לנו ברירה אלא להיעתר להזמנה.

21 בפברואר

אנו מבחינים בסלע גדול וכהה באופק. כשאנו מנסים למצוא אותו שוב, אנו רואים גמל קם ומתרחק.

22 شباط

حلمتُ بكِ الليلة مجدّداً: كنا في ساحة كبيرة تعجّ بالناس وتشبه قاعات الانتظار في المطارات. كنا نودع بعضنا. أردت أن أبقى حيث أنا إلى أن تغيبي عن ناظري. بقيتُ حتى اختفيتِ في طابور الانتظار المتعرّج. لكني سرعان ما أعود لأراكِ بسبب الطبيعة المتعرجة لحركة تقدم الطابور. أردت أن الوّح لكِ مودعاً لكني لم أعرف ما هي اللحظة الأنسب لذلك. ثم رأيتكِ تلوّحين لي، لكن تلويحتك لم تكن تدلُّ على الوداع، وإنما كما لو كنتِ تطلبين مني الاقتراب. لكن ليس الاقتراب منك وإنما من رجل أمنٍ يقف أبعد منكِ قليلاً، والذي سألني عن علاقتي بك وعن سبب بقائي. عندما انتهى من استجوابي، صار لدينا فرصة جديدة ليودّع أحدنا الآخر قبل أنِ يأمرني رجل الأمن بمغادرة المنطقة الأمنية. عدت مجدداً إلى حيث كنت أقف سابقاً لأبحث مرةً أخرى عن شعركِ الأشقر بين الجمهور. أخيراً لمحتكِ تقفين في منطقةٍ تتوسّط منطقتين أمنيّتيّن حيث يقف الناس في الطابور. نجحت في تجاوز الحزام الحاجز الخاص بنظام الطوابير لنودع بعضنا البعض للمرة الثالثة. توقفت أمام حائطٍ من الزجاج الإكريليك، حيث يتوجب على الناس تقديم أوراقهم الثبوتية وتذاكرهم. كنت لا أزال قادراً على رؤيتك عبر الزّجاج، فلوّحت لكِ. الحائط كان عازلاً للصّوت.

22 בפברואר

באותו לילה חלמתי עלייך שוב. היינו בחלל גדול דמוי מסוף, מלא באנשים. נפרדנו זה מזו. רציתי להישאר עד שלא אוכל עוד לראותך. נשארתי במקומי וראיתי אותך נעלמת בתור המתפתל. אך פיתולי התור, ימינה ושמאלה, השיבוך שוב ושוב לשדה ראייתי. רציתי לנופף לך אך לא ידעתי מתי העת המתאימה לכך. ואז ראיתיך מנופפת, אך לא לשלום, יותר כמו הזמנה להתקרב. אולם, לא אלייך אמור הייתי לגשת, אלא אל אחד מפקחי הביטחון, שעמד מעט רחוק יותר. הוא שאל אותי מהו הקשר שלי אלייך ומהן הסיבות לשהותי. כשסיים איתי, הייתה לנו הזדמנות קצרצרה נוספת להיפרד זה מזו, לפני שהשומר הורה לי לעזוב את אזור הביטחון. חזרתי למקום שבו עמדתי קודם, ושוב חיפשתי את ראשך הבלונדיני בקהל. בסופו של דבר הבחנתי שאת עומדת באזור ביניים כלשהו, בין שני אזורי ביטחון בהם אנשים השתרכו בתור. הצלחתי לעבור דרך רצועות ההפרדה של מערכת ניהול התור, ונפרדנו לשלום בפעם השלישית. עצרתי ליד קיר גבוה מזכוכית אקרילית, שם נדרשו אנשים להציג

افترضت أنّك ستختفين في الطابور فأردت أن أبقى مكاني إلى أن تغيبي عن ناظري. لكنّ الطّابور تقدّم ببطءٍ شديدٍ إلى درجة أنكِ بقيت مرئيةً لمدّةٍ طويلة. عندما توجهتُ أخيراً نحو المخرج ومن ثم إلى الضّوء في الخارج، رأيت الجدران تكسوها إشارات وتعليمات بثلاث لغات: «الرجاء الحفاظ على نظافة الصالة».

26 شباط

بعد انحدار طويل، تناولنا العشاء مع مجموعةٍ من الناس فريدي الطبّاع، الّذين استوطنوا على شاطئ في محيط القطب. الهواء مُتخم بالنّار والعشب والذّبّاب. استرخاء السكان جعلنا نشعر بالتوتر. القطب ليس بعيداً، أصبح من الممكن أن نشمّ رائحته الكبريتيّة القويّة.

27 شباط

لقد قابلنا اليوم ثلاث نساءٍ فقط على دراجات هوائية، وقد أخبرننا أنّهنّ قُدن دراجاتِهنَّ من جزيرةٍ في أقصى الشمال الغربي إلى هذا المكان في الجنوب الشرقي.

את הכרטיסים והמסמכים שלהם. יכולתי עדיין לראותך דרך הקיר ונופפתי לך. הקיר היה אטום לגמרי לקול. הנחתי שאת עומדת להיעלם בתור, ורציתי להישאר עד שלא אוכל עוד לראותך עוד. אבל התור התקדם כל-כך לאט, שנשארת זמן רב בטווח הראייה. כשהלכתי לבסוף ליציאה ויצאתי לאור שבחוץ, ראיתי שהקירות מכוסים בהודעות רשמיות ובשלטים המורים בשלוש שפות: "אנא שמרו על ניקיון המסוף".

26 בפברואר

לאחר הליכה ממושכת במורד, אנו אוכלים את ארוחת הערב עם קבוצה יוצאת דופן של אנשים שהתיישבו על חוף בשולי הקוטב. האוויר מלא באש, עשב וזבובים. התנהגותם השלווה של התושבים משרה עלינו עצבנות. הקוטב אינו רחוק. אנו יכולים כבר להריח את צחנת הגופרית העזה העולה ממנו.

27 בפברואר

האנשים היחידים שפגשנו היום היו שלוש נשים על אופניים שסיפרו כי רכבו כל הדרך מאי מרוחק הממוקם בצפון-מערב ועד לנקודה זו בדרום-מזרח.

28 شباط

بعد أن مشينا طوال اليوم، وجدنا أنفسنا في سيارةٍ مع رجلٍ عجوزٍ قليل الكلام، ومقامر شابٍّ يبدو محترفاً إلى حدٍّ ما، وثلاث بالونات هوائيةً. يقود الشّاب السّيارة دون أن يلمس عجلة القيادة، متحدثاً عبر الهاتف ومحركاً يديه بما يلائم المحادثة. يهطل المطر ويحلّ الظلام. قرّرت أن أضع حزام الأمان، لكني لم أرد أن يلحظ السائق ذلك. أحاول ببطء أن أُدخل لسان الحزام في المشبك دون إحداث أي صوت، حيث أني سمعت أن وضع حزام الأمان يمكن أن يُفسّر كإهانةٍ وكعدم ثقةٍ بقدرات السائق على قيادة السيارة.

أثناء السّياقة يوضّح السائق لنا أنّ تبخّر البحيرة المالحة القريبة يخلق تضاريس جديدةً. بقعة بيضاء جديدة لم يتم مسحها بعد ولم يتم رسمها على الخريطة. هذه المنطقة هي القطب. إنها البقعة الأوفر طاقةً على سطح الأرض. الهواء هنا يحتوي على ٤٪ أكسجين أكثر من أي مكان آخر على الأرض. تنبعث الغازات من الأرض وتجعل كلّ شيءٍ أبطأ. هذه هي أعمق نقطة جافة على وجه البسيطة، حيث تتشكل الثقوب عميقاً في القعر، بسبب انهيار فجوات في باطن الأرض. هذه الظاهرة تحدث نتيجة التبخر. لقد انخفض مستوى البحيرة المالحة إلى ما دون مستوى المياه الجوفية.

28 בפברואר

לאחר שצעדנו כל היום, אנחנו מוצאים עצמנו במכונית עם זקן שתקן, מהמר צעיר מקצועי-למחצה ושלושה בלונים. הצעיר נוהג מבלי לגעת בהגה, כשהוא משוחח בטלפון ומחווה תנועות בידיו. בחוץ יורד כעת גשם ומחשיך. אני מחליט לחגור את חגורת הבטיחות שלי, אבל איני רוצה שהנהג יבחין בכך. לאט לאט, אני מנסה להכניס את לשון החגורה לתוך האבזם מבלי להשמיע צליל. שמעתי כי עצם מעשה החגירה עלול להיתפס כעלבון וכסימן לחוסר אמון בנהג.

במהלך הנסיעה הוא מסביר כי התאיידותו של אגם מי המלח הסמוך יוצרת קרקע חדשה, נקודה לבנה שטרם נסקרה או שורטטה. אזור זה הוא קוטב. זהו המקום האנרגטי ביותר עלי אדמות. שיעור החמצן באוויר פה גבוה ב-4% מבכל מקום אחר. גז עולה מהאדמה ומאט את הכול. כאן, בנקודה היבשה העמוקה ביותר בעולם, כדור הארץ מתפורר כשחללים תת-קרקעיים קורסים ויוצרים בולענים שעומקם לא נודע. תופעה זו היא תוצאה של התאיידות. מפלס אגם המלח ירד אל מתחת למפלס מי התהום. מי תהום מליחים

مياه جوفية مالحة تخرج نتيجةً لذلك لتحل محلها مياه حلوة والتي بدورها تتسبب في ذوبان طبقات من الملح في باطن الأرض لتتكوّن فراغات وبالوعات عملاقة.
في لغتي الكلمة تعني «الابتلاع»، وهكذا يمكن وصف هذه الثقوب على أنها ثقوبٌ مُبتلعة. يدخل القادم هنا عالماً مختلفاً، أي خطوة تخطوها يمكن أن تفتح حيزاً جديداً. في أي لحظة يمكنك أن تجد نفسك غارقاً في الرواسب الطينيّة، في مختلف أنواع الكريستالات، التي لها روائح وأشكال مختلفة. في كلِّ مرةٍ لونٌ جديد: أخضر، برتقالي، أسود قذر، زلق ومبلل.

يُسرّع الأمر من نبض قلبك، قلبك يكاد يطير، تبدأ بالتعرّق، ثم بالارتعاش. تشعر بالغثيان وليس باستطاعتك التنفّس بشكلٍ طبيعيّ، ثم تشعر أنك بحاجة ملحّة لإفراغ مثانتكَ ومن ثم أمعائك. لقد ابتلعت هذه البالوعات عدداً من الناس بالفعل.

حقاً، أفكر بصمت، أنا لا أثق بقيادته للسّيارة ولا أصدّق كذلك قصصه. كما لو كان باستطاعته قراءة أفكاري، يناولني جريدة، «لقد احتفظت بمقالٍ عن عالِم جيولوجيا نجا فقط لأنه حمل معه ورق مرحاضٍ. لقد حافظ على عقله من مغبة الجنون من خلال مواصلة الكتابة على الورق الطري». كي أشتّت فكري عن قيادته، أبدأ بالقراءة: لا أعرف إن كان الوقت ليلاً أم نهاراً، ولا

נשטפים החוצה על-ידי מים מתוקים, הממיסים שכבות תת-קרקעיות של מלח ויוצרים חללים ובולענים ענקיים. בשפתי המילה היא משהו כמו "לבלוע" או "לגמוע", כך שניתן לתאר חורים אלה כבורות בולעניים עמוקי גרון. כל מי שנכנס לכאן מגיע לעולם אחר. כל צעד שתצעד עשוי לפעור חלל חדש. בכל רגע אתה עלול למצוא את עצמך אפוף משקעים בוציים, וגבישים, ריחות וצורות מכל הסוגים. הצבע שונה בכל פעם: ירוק, כתום, שחור - מלוכלך, חלקלק ורטוב.

זה מאיץ את הדופק שלך. לבך פועם במהירות; אתה מזיע, ואז אתה מתחיל לרעוד בכל הגוף. אתה חש בחילה וכאילו אינך יכול לנשום כראוי. ואז יש לך דחף לרוקן את שלפוחית השתן שלך ואת מעיך. בולענים כבר בלעו כמה אנשים.

נכון, אני חושב לעצמי, אני לא סומך על הנהיגה שלו, ואני גם לא מאמין לסיפורים שלו. וכאילו הוא יכול לקרוא את מחשבותיי, הוא מושיט לי עיתון, "שמרתי מאמר על גיאולוגית ששרדה רק משום שהיה לה נייר טואלט. היא הצליחה לא להשתגע מרוב מפחד על-ידי כתיבה על הנייר הרך". כדי להסיח את דעתי מנהיגתו, התחלתי לקרוא.

يهمني الأمر. كلّ شيءٍ ممكنٌ، لكنّني مشلولٌ، متجمّدٌ في اللامبالاة، منكمشٌ حتى النهاية. أشاهد نفسي غير قادر على القيام بأيّ شيء.

لا أستطيع أن أتخيّل أيَّ شيءٍ أكثر جمالاً ممّا عشته إلى يومي هذا، الأشياء التي حدثت لي والطريقة التي حييت بها. هل سأعود مرةً أخرى إلى ما كنت أحبه، إلى الحياة التي أحببتها كل ذاك الحب؟ كيف يمكن أن تكون ثمة عودة وأنا غير قادر على الاشتراك في أي شيء، وإن كنت قد أُنتُزعت من الواقع ومن حياتي بطريقة تجعلني أجد نفسي في الفراغ؟ فراغٌ من لا شيء محض - حيث كل الصلات مع المستقبل مقطوعة. ما يهمّ الآن هو البقاء على قيد الحياة وعدم الاستسلام للخوف.

أنا كلّ ما تبقى: أنفاسي، جسدي. هل أستمر بالحياة هكذا؟ هل يكفي أن أتنفس فقط حين يخنق الفراغ كل شيءٍ ويبتلعه؟ حين أعجز إلا عن النظر من الخارج، غير قادر على فعل شيءٍ ما قد يؤثر فيما يحدث من حولي؟ أموت خوفاً ممّا سيحدث لاحقاً، من عدم قدرتي على انتشال نفسي من الفراغ، من الانجراف والابتلاع.

يقاطعني السائق ويقترح أن أكمل القراءة في الصفحة التالية، حيث يمكنني أن أعرف أكثر عن المراحل المختلفة لمحنة الكاتب في البالوعة.

איני יודעת אם זה יום או לילה, ולא אכפת לי. הכול אפשרי, אבל אני משותקת, קפואה באדישותי. מרוקנת לחלוטין מאוויר, אני צופה בעצמי ואיני מסוגלת לעשות שום דבר. איני יכולה לדמיין משהו יפה יותר ממה שהיה לי, מה שהיה ומהדרך בה חייתי את חיי. האם אי פעם אחזור למה שאהבתי כל כך, לחיים שאהבתי כל כך? איך אוכל לחזור אם כבר איני יכולה להשתתף בדבר, אם אני נקרעת מהמציאות ומחיי כך שאני מוצאת עצמי עכשיו בוואקום? ואקום של פשוט כלום - חלל ריק שבו נותק כל קשר לעתיד. מה שחשוב עכשיו הוא הישרדות גרידא ולא להיכנע לפחד. כל מה שנשאר זה אני, נשימתי, גופי. הם ראוי שאמשיך לחיות כך? האם זה מספיק פשוט לנשום כאשר כל השאר הוחנק ונבלע על-ידי הוואקום? כשאני יכולה רק להתבונן באופן סביל מבחוץ, ולדבר אחר כלשהו כבר אין חלק במה שקורה סביבי? אני מפחדת כל כך מהבאות, מכך שלא אצליח לחלץ עצמי מהוואקום, מכך שאסחף מכאן ואבלע.

הנהג קוטע את קריאתי ומציע שאעבור לעמוד הבא, שבו אוכל ללמוד יותר על השלבים

هذا أفضل شيءٍ حصل لي على الإطلاق. ما يهم الآن هو ما يحصل في هذه اللحظة فقط. هذا ما يجعلني أرغب بالبقاء على قيد الحياة. لن أربح شيئاً إذا ما حلّلت هذا الشعور. لن يسبر التحليل أغوار هذه الحالة، لأن هنالك ما هو بعيد المنال. هو لغزٌ لا أفهمه بالكامل وهو مُحرّرٌ للغاية. جلُّ ما هناك يمكن أن يختفي بفعل نفحة هواءٍ عابرةٍ كسحابةٍ تتكثّف وتغطي كلَّ شيء فقط لتعود وتتبخر في شمس النّهار. هذا ما لا يستطيع المرء معرفته، حيث لا يفيد كلّ التأمّل. كلُّ محاولةٍ لحيازته ولجعله قابلاً للامتلاك تبوء بالفشل، فهو غير ملموس. إنها غيمة تلفني وتُغشي على عيني. لا أرى إلا قطرات الماء، التي تتجمع معاً وترتطم ببعضها البعض، تتنازعها قوتان متساويتان، قوة الجاذبية وقوة الهواء. تلتقي القطرات بمثيلاتها، تاركة أثراً يتلاشى في أعقابها. كل شيءٍ يسعى في هذا الاتجاه. إنه صراع بين قوة الجاذبية والريح. في نهاية المطاف لا طائل من كل هذا. كلّ شيءٍ يسيل إلى الأسفل، كلّ ما تفعله الريح هو أنها تطيل الأثر الراجف.

השונים במסע הייסורים של המחברת שנבלעה. זה הדבר הכי טוב שקרה לי. כעת הדברים היחידים המתקבלים על הדעת הם אלה שקורים ממש כרגע. זוהי הסיבה שאני רוצה לחיות. לא ניתן להשיג כלום באמצעות ניתוח ההרגשה הזו. ניתוח לא יוכל לרדת לחקר העניין כי משהו נותר חמקמק, משהו שעל אודותיו איני יודעת דבר, וזה משחרר מאוד. כאילו העיף את הכול משב של רוח. משב נדיף כענן, המתעבה ומכסה הכול רק כדי להתאדות באור השמש של היומיום. התחושה היא דבר שאינו ניתן לידיעה, ושום בדיקה קפדנית לא תשנה זאת. כל ניסיון להתמודד עמה, להפכה ניתנת לניהול, יהיה עקר; היא נשארת בלתי מוחשית. זהו ענן העוטף אותי ומערפל את עיניי. כל מה שאני רואה הן טיפות מים. הן מתמזגות ונמשכות מטה באלכסון על-ידי כוחותיהן המשולבים של הרוח והכבידה. הן מתמזגות עם טיפות אחרות, גדלות מהר יותר ומותירות עקבות מחווירים בשובלן. הכול זורם בכיוון אחד. זהו מאבק בין כוח הכבידה לרוח. בסופו של דבר, זה אינו משנה. הכול זורם כלפי מטה, הרוח רק מאריכה את השביל המתפתל.

29 شباط

تتراءى خلفنا تلالٌ جرداء حتى حدود الأفق. تركت السيول والعربات المخصصة للوعر علامات على أسطحها البنيّة. تتبدل من أمامنا التلال بسهل بلّوري يزداد بياضاً مع ازدياد البعد. الحرُّ شديد. أشعر بخفقان الشريان السباتي وأنا أحاول تعديل شنطة الظهر.

يظهر في الأفق مجسّمٌ، يصعب علينا تحديد ملامحه من بعيد، ذلك أن لأنه بنفس لون الأرض التي يقف عليها. بعد برهة نتعرّف على الجسم؛ إنّها حافلة فايف-ستار (five-star) فخمة. عندما نقترب أكثر نلحظ شخصاً يجلس في قسم الامتعة، يقرأ كتاباً. كان يلبس قميصاً أبيضاً مكوياً، وبنطالاً أسود ناعماً ونظارات بإطارٍ ذهبيٍّ وبزجاجات عاكسة. حين انتبه إلى وجودنا توقف عن القراءة ليعرض علينا القهوة. نسأله إذا كان يودّ القراءة بصوتٍ عالٍ. مستغرباً بعض الشيء يبدأ بالقراءة:

حدث الأمر هكذا تماماً؛ أشرقت الشمس، لكنّ الولد المسكين لم ينتبه لها. ركض أبعد وأبعد، مروراً بالعديد من المناظر، لكنه لم يهتم أيضاً لأيّ منظر. ركض أبعد وأبعد، مروراً بكثير من الناس دون أن يأبه بأيٍّ منهم. ركض أبعد وأبعد إلى أن حلّ الليل، لكنه لم يأبه بالليل أيضاً، لم يهمه ليلٌ أو نهار، أشياءٌ أو أناس،

29 בפברואר

מאחורינו, עד לאופק, אנחנו יכולים לראות גבעות שוממות. פני הקרקע החומים שלהן מחורצים בערוצים ובעקבות שהותירו רכבי השטח. לפנינו, מפנות הגבעות את מקומן למישור גבישי ההולך ומלבין במרחק. חם. כשאני פוסע, אני חש את פעימות עורק הצוואר שלי בכפות הידיים המייצבות את תרמילי.

חפץ מתגלה באופק. ממרחק קשה להבחין בצורתו כי צבעו כצבע הקרקע עליה הוא מונח. לאחר זמן מה, אנו מזהים את האובייקט כאוטובוס לבן ומהודר לאנשים חשובים. כשאנו מתקרבים, אנו מבחינים בגבר היושב בתא המטען הפתוח וקורא ספר. לגופו חולצה לבנה מגוהצת, מכנסיים שחורים חלקים ומשקפי שמש עם מסגרת מוזהבת ועדשות מראה. כשהוא מבחין בנו, הוא מפסיק את הקריאה ומציע לנו קפה.אנו שואלים אותו אם הוא מעוניין לקרוא בקול. מבולבל מעט, הוא מתחיל לקרוא:

כמו שהיא, יצאה לדרך, השמש האירה, אבל הילדה המסכנה לא השגיחה באור השמש. היא הלכה והלכה, חלפה בדרכה על פני מראות רבים,

لا الشمس ولا القمر وحتى أنه لم يأبه قليلاً ب - يرن هاتف السائق. يزور هذه المنطقة العديد من البشر لدراسة خصائص الصخور. بسبب الحر، يتعين على السائق تجميع رُكابه قبل الوقت المحدّد. يشرح لنا أن عليه الآن العناية بمجموعةٍ من كبار السن، يلتقط كتابه ثانيةً ويكمل القراءة:

ركض الولد أبعد وأبعد، متخيلاً نهاية العالم أولا كحائطٍ شاهقٍ ثم كهاويةٍ عميقةٍ ثم كمرجٍ أخضر جميل ثم كبحيرةٍ ثم كقماش مرقّطٍ، ثم كمعجّون سميكٍ وواسعٍ، ثم كمجرّد هواءٍ نقيٍّ، ثم كسهلٍ أبيض نظيف، ثم كبحرٍ من السّعادة الصرفةِ يتأرجح فيه إلى الأبد، ثم كطريقٍ مائلٍ إلى البنيّ، ثم كلا شيءٍ أو كشيءٍ لم يتمكن الولد نفسه من التعرّف عليه.

يرنّ الهاتف ثانيةً، تتهلّل أساريره ويبدأ بالكلام بلغةٍ لا نفهمها. يبتسم ابتسامةً عريضةً وينظر إلينا. بعد المحادثة يخبرنا أنّه كان يكلّم ابنه. إنه من جيلنا، لكنّه يعيش خارج البلاد كالعديد من الشّباب من هذه المناطق. الكلّ يرغب بالهجرة.

نسأله إن كان يعرف أين يقع القطب. يقول أنّه للأسف لا يعرف، لكنّ له صديقاً قريباً يمكن الاتصال به. بعد برهةٍ يعطينا السّماعة وبإنجليزية مكسرّة يدلّنا الصوت على الجانب الآخر للخط: "لقد رأيت القطب

אבל היא לא השגיחה במראות. היא הלכה והלכה, חלפה בדרכה על פני אנשים רבים, אבל היא לא השגיחה באיש. היא הלכה והלכה, עד שירד הלילה, אבל הילדה לא השגיחה בלילה. לא עניינו אותה לא היום ולא הלילה, לא העצמים ולא האנשים, לא השמש ולא הירח וגם לא - מכשיר הטלפון של הנהג מצלצל. הרבה אנשים באים לכאן כדי לחקור סלעים. בגלל החום, הנהג צריך לאסוף רבים מנוסעיו לפני השעה היעודה. הוא מסביר שהוא יוצא לטפל בקבוצה של בני הגיל השלישי, מרים את הספר וממשיך לקרוא:

הלכה הילדה והלכה, תחילה תיארה לעצמה את סוף העולם כחומה גבוהה, אחר כתהום עמוקה, אחר כך כמדשאה ירוקה ויפה, אחר כך כאגם, אחר כך כאריג מנוקד, אחר כך כדייסה רחבה וסמיכה, אחר כך כאוויר טהור ותו לא, אחר כך כמישור נקי לבן, אחר כך כים של עונג שתוכל להתערסל בו עוד ועוד, אחר כך כדרך חומה־בהירה, אחר כך כלא כלום או כדבר־מה שהיא עצמה, למרבה הצער, לא ממש ידעה מהו.

הטלפון מצלצל שוב. פניו מוארות והוא מתחיל לדבר בשפה שאיננו מבינים. בחיוך רחב,

ليس بعيداً عن الطريق. أعتقد أنه كان إشارة مرورٍ من قبل، لأنّ قاعدةً إسمنتية لا زالت في أسفله، لكن يمكنك ضربه بحجرٍ كبير إلى أن يتفتت الإسمنت فتحصل على عامودٍ كاملِ الأوصاف (تلاعب بمعنى كلمة pole التي تعني قطباً وأيضاً عاموداً أو صارية). نشكر كلاهما وننطلق في طريقنا. ندندن لحناً.

هم مممم هم م هم مم هممم
غنٍّ هو هم م هم مم م مم ممم
غنٍّ هو هم هـ هم للدب
هم مممممم هم للبعثة

إنّه يومٌ جميلٌ هم مم ممم هنالك هممممم صغير
هم هم هممم هممم همه هممم هم همممم

هم مممم هم م هم مم هممم
غنٍّ هو هم م هم مم م مم ممم
غنٍّ هو هم هـ هم عن للدب
غنٍّ هو للهممم م مم ممم

הוא מביט לעברנו. לאחר השיחה הוא מספר לנו כי שוחח עם בנו. הוא בגילנו, אבל חי בחו"ל, כמו צעירים רבים מאזור זה. כולם רוצים לעזוב.

אנחנו שואלים אותו אם הוא יודע היכן הקוטב (pole). הוא אומר שלמרבה הצער אינו יודע, אבל יש לו חבר באזור, אליו יוכל להתקשר. כעבור רגע הוא מושיט לנו את השפופרת. באנגלית מגומגמת, אומר לנו הקול שבצדו השני של הקו "ראיתי מוט (pole) מוטל קצת יותר למטה. אני חושב שהוא היה קודם תמרור, כי יש עליו אבן גדולה וכבדה עד שהבטון ייסדק, ואז, זה יהיה ללא ספק מוט (pole) מושלם". אנו מודים לשניהם ויוצאים לדרך, מזמזמים לעצמנו בשקט.

המ מממממ ממ המ הממממ
שירו הו מממממ ממ המ הממממ
שירו מממממ ממ המ לחייו של הדוב
המ המממממ הם למשלחת

איזה יום יפה המממ הממ יש טיפונת הממ
המ מממממ ממ המ הממממ

המ מממממ ממ המ הממממ
המ מממממ ממ המ הממממ
שירו מממממ ממ המ לחייו של הדוב
שירו הו מממממ להמממממ הממממ

القُطب الرّابع
הקוטב הרביעי

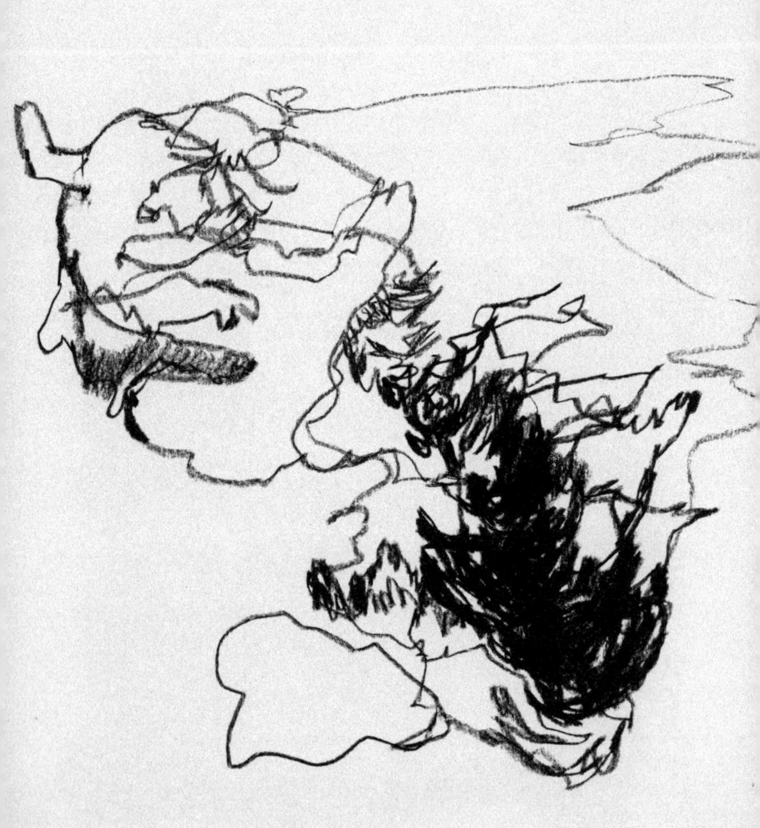

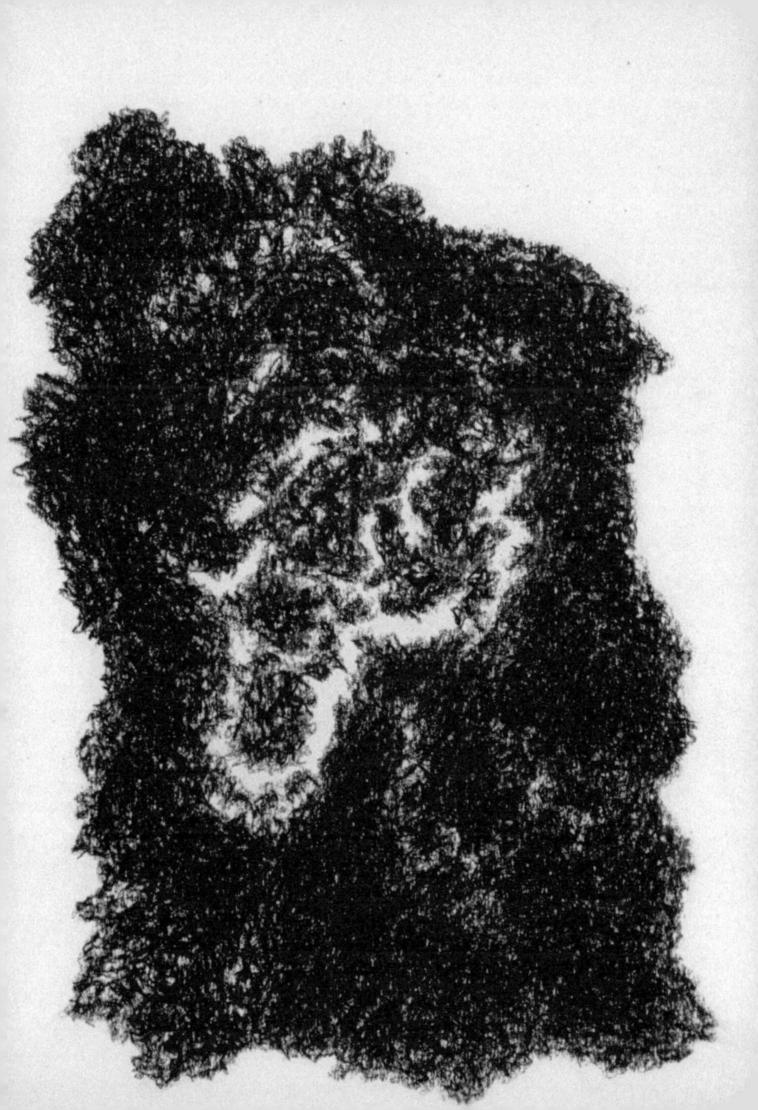

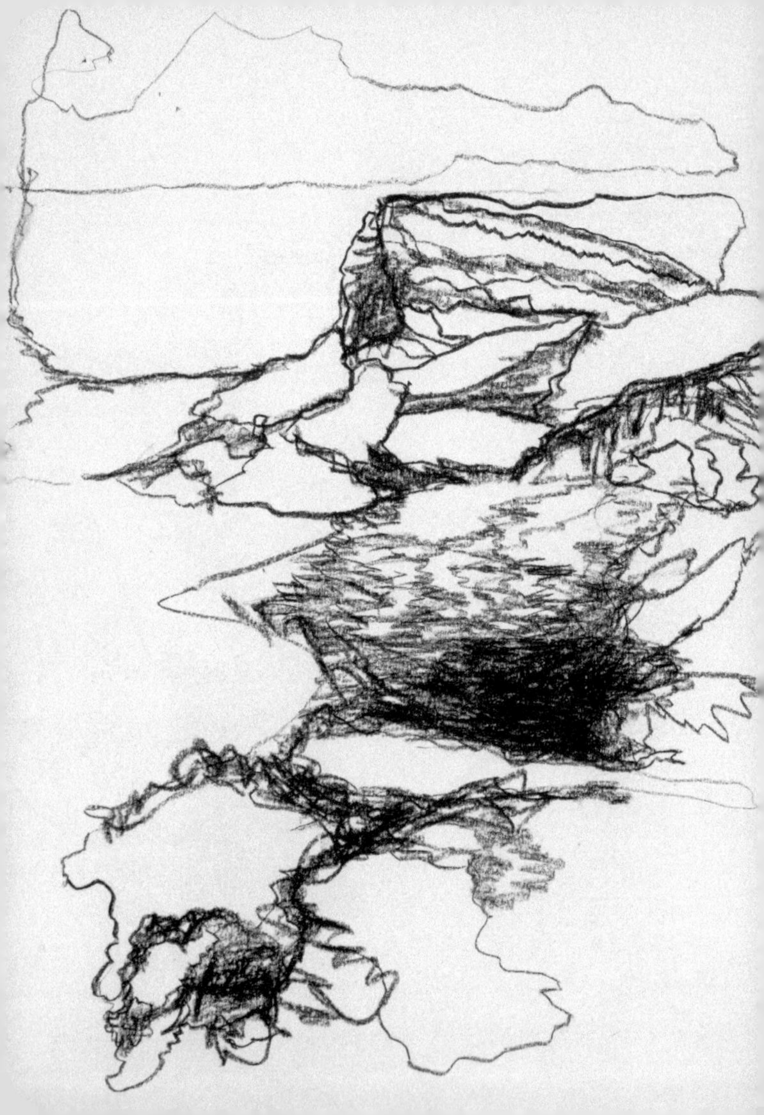

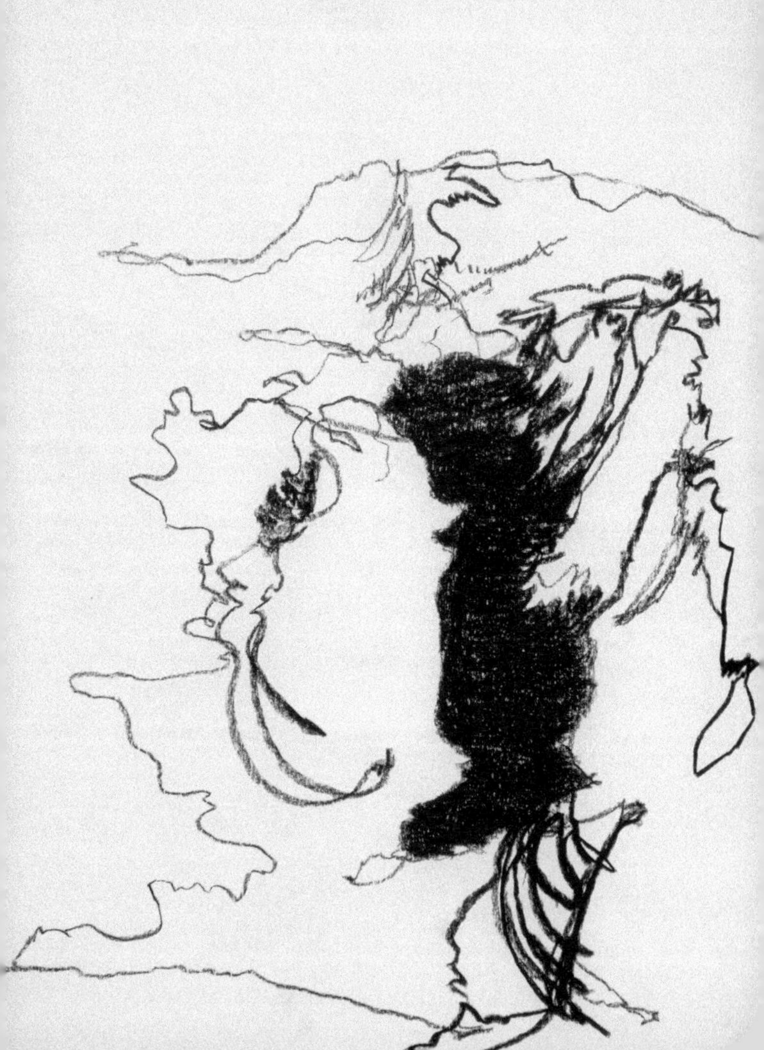

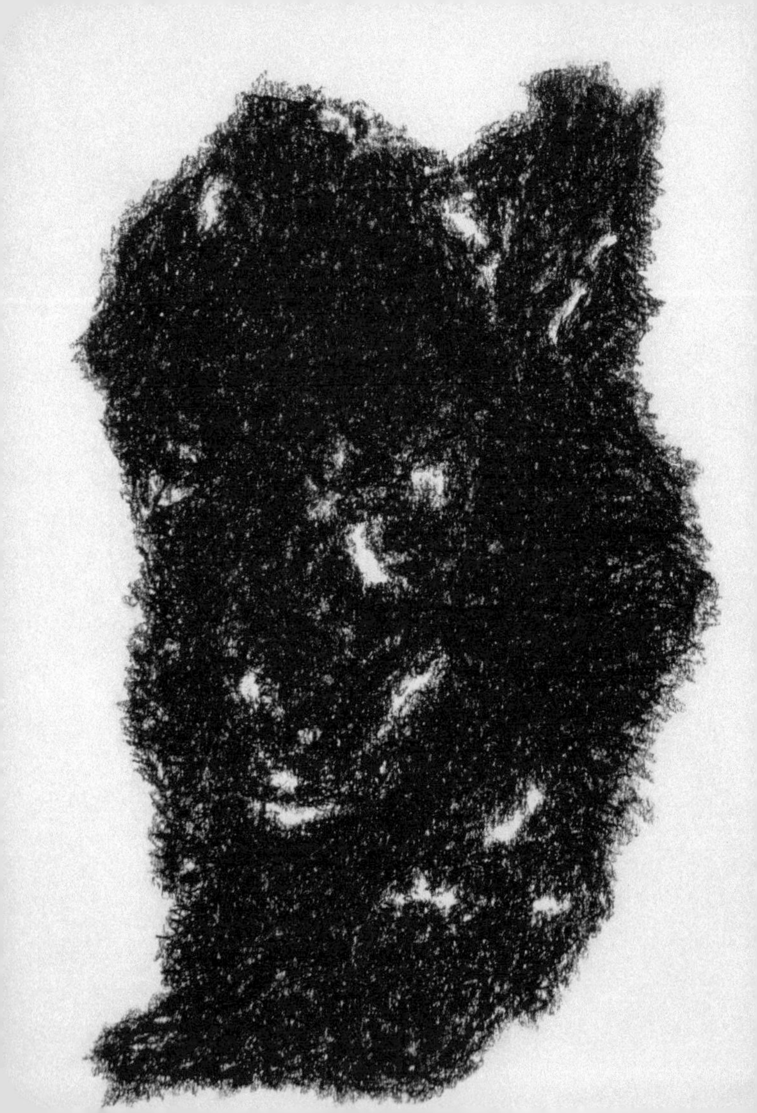

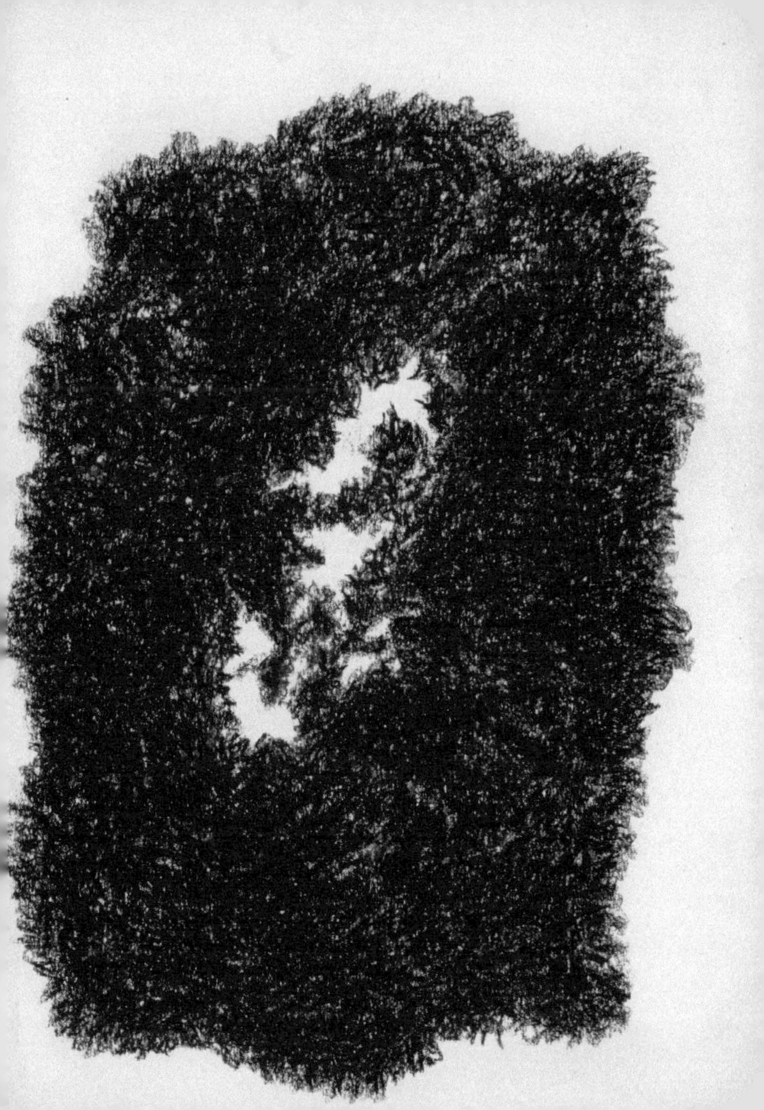

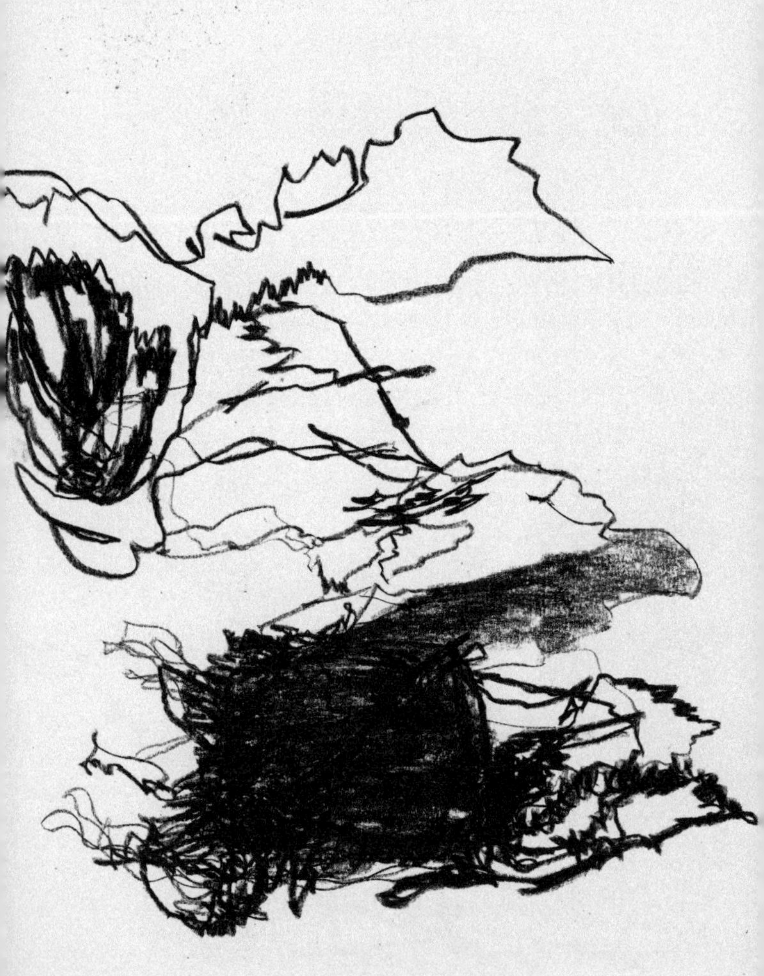

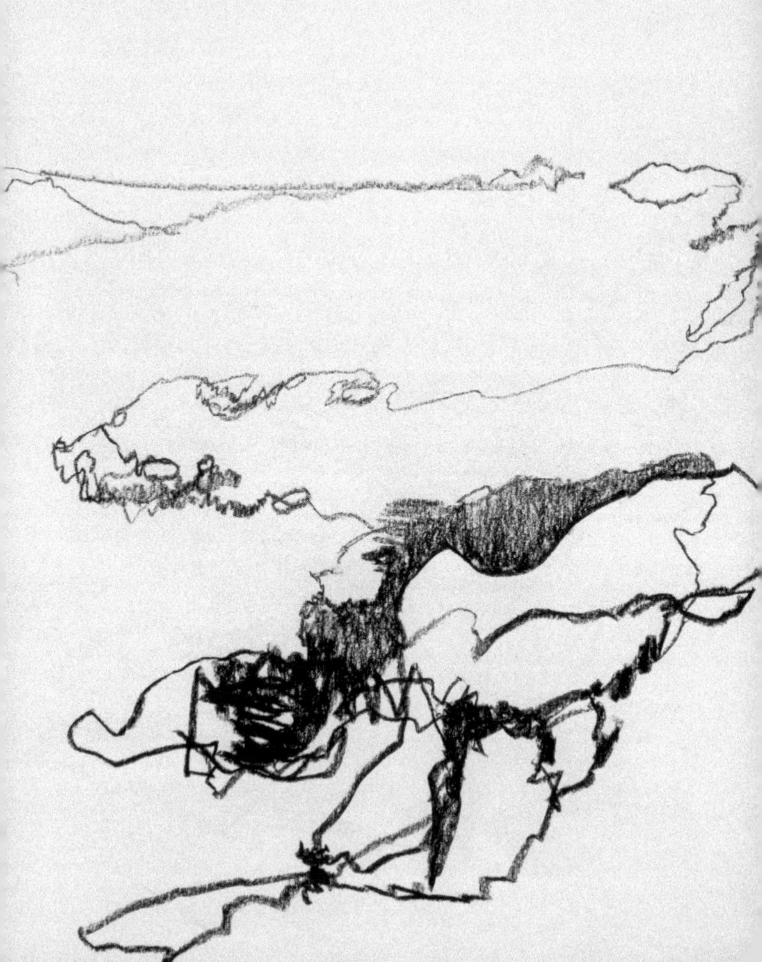

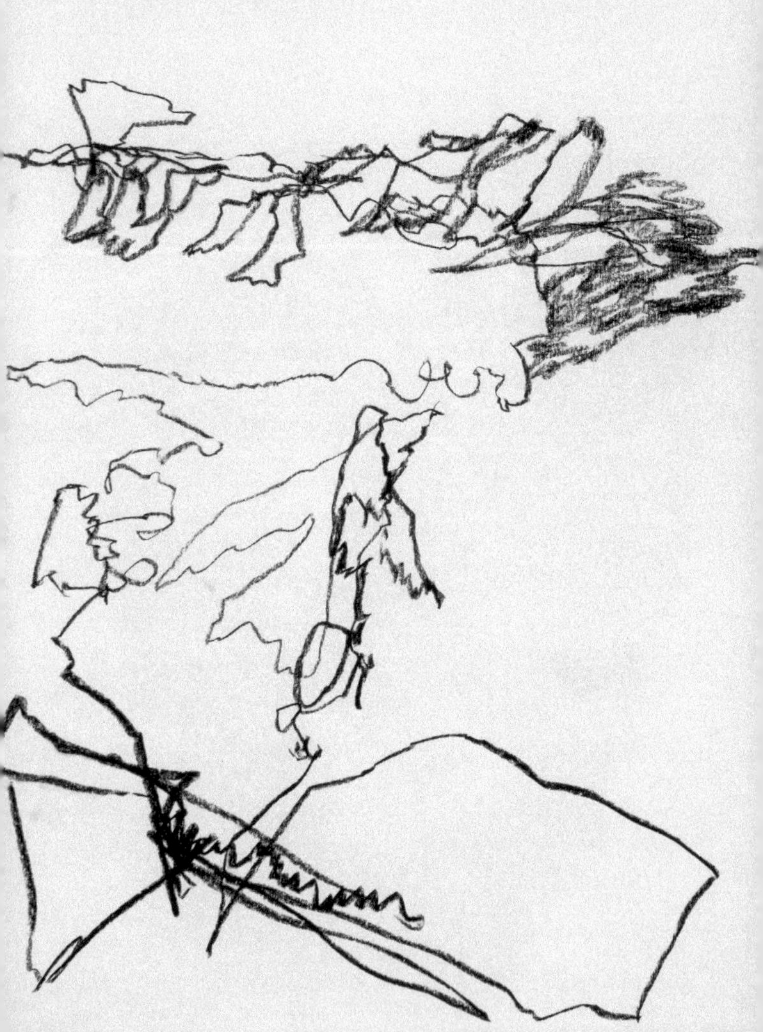

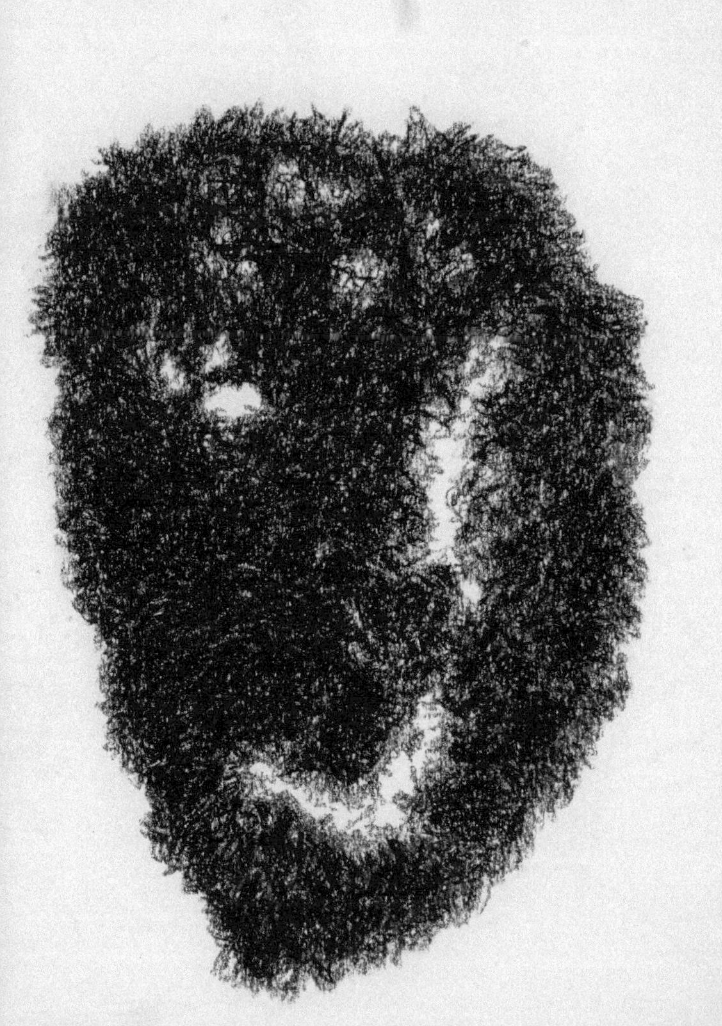

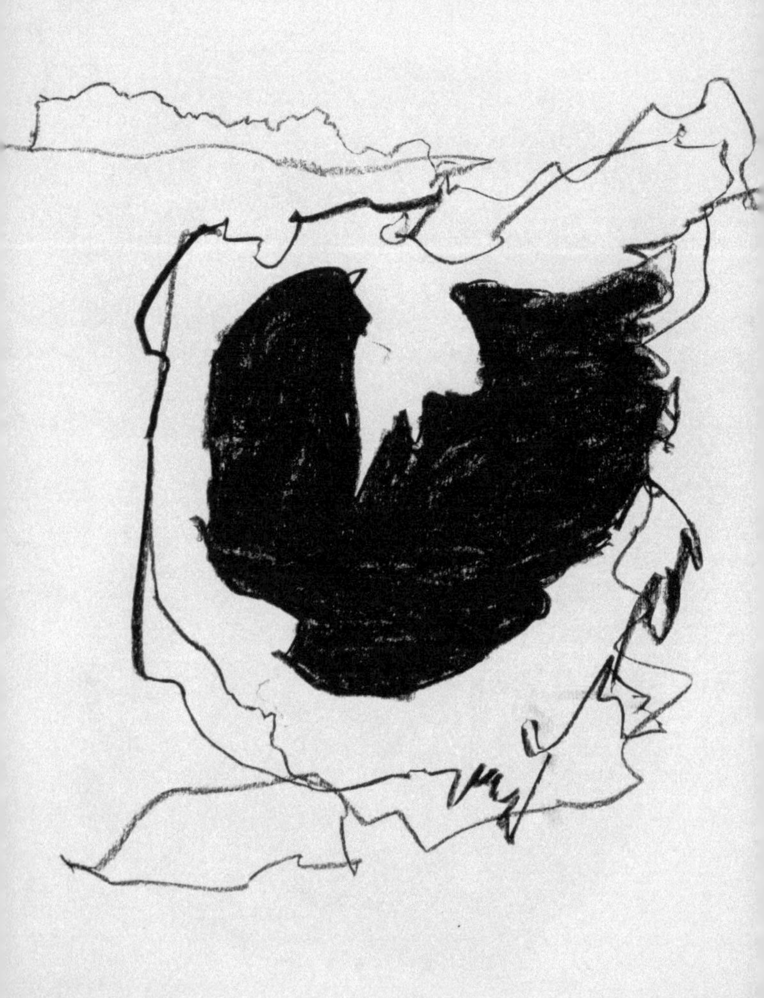

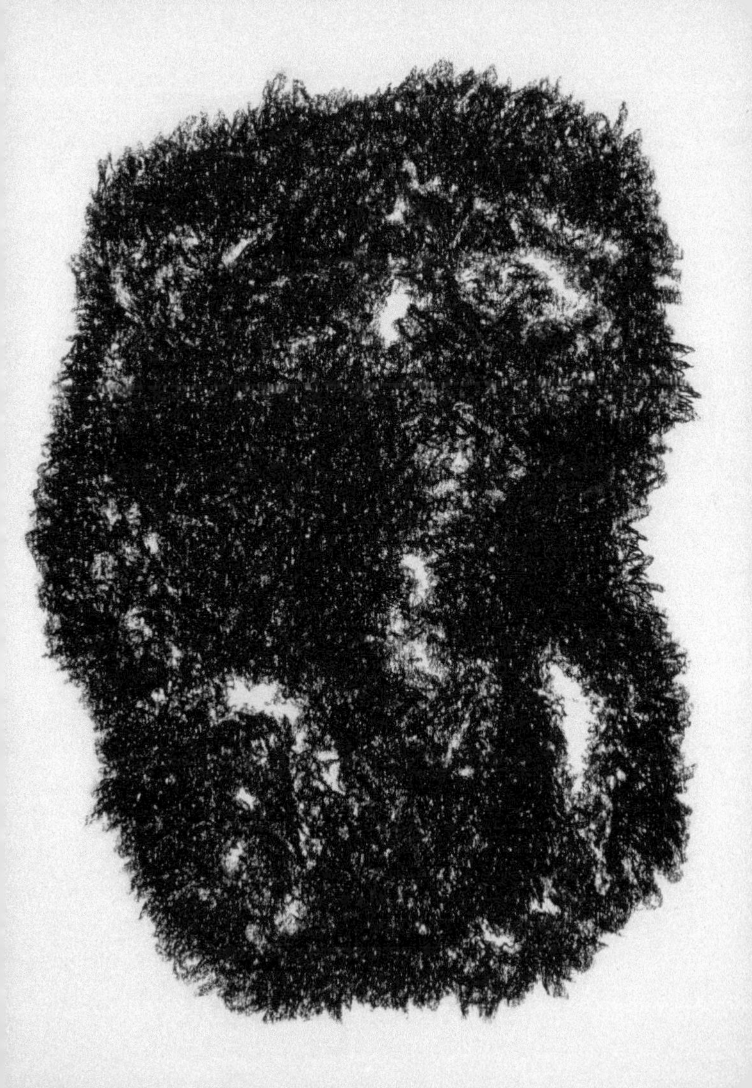

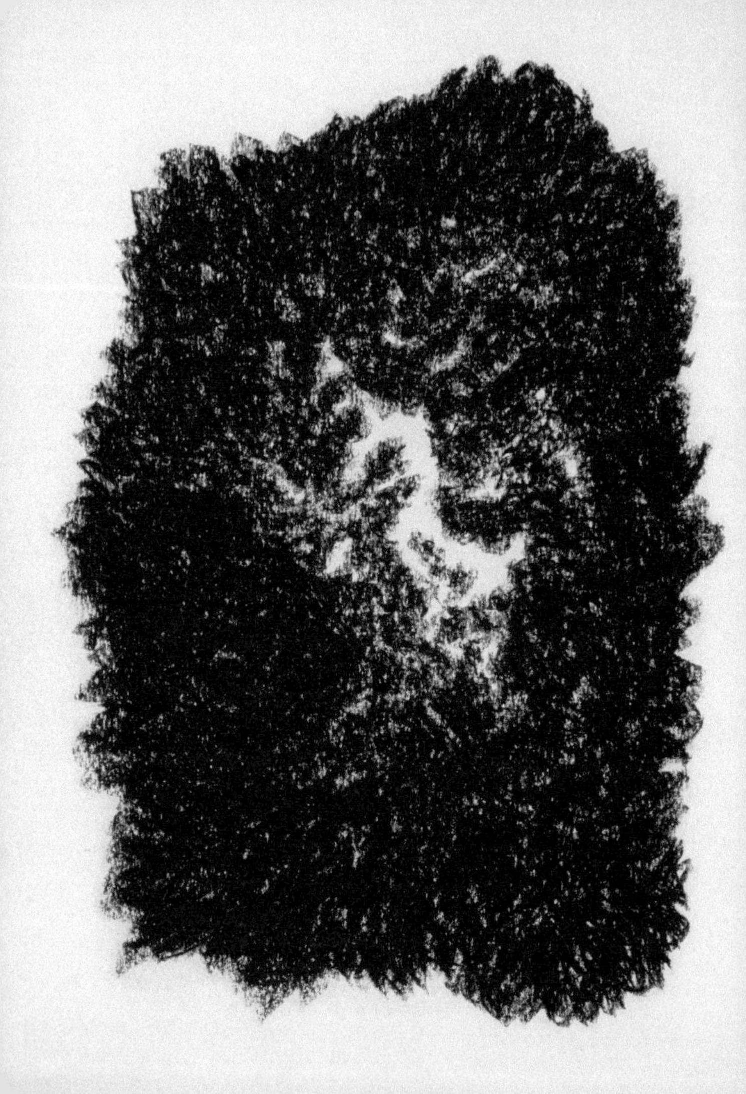

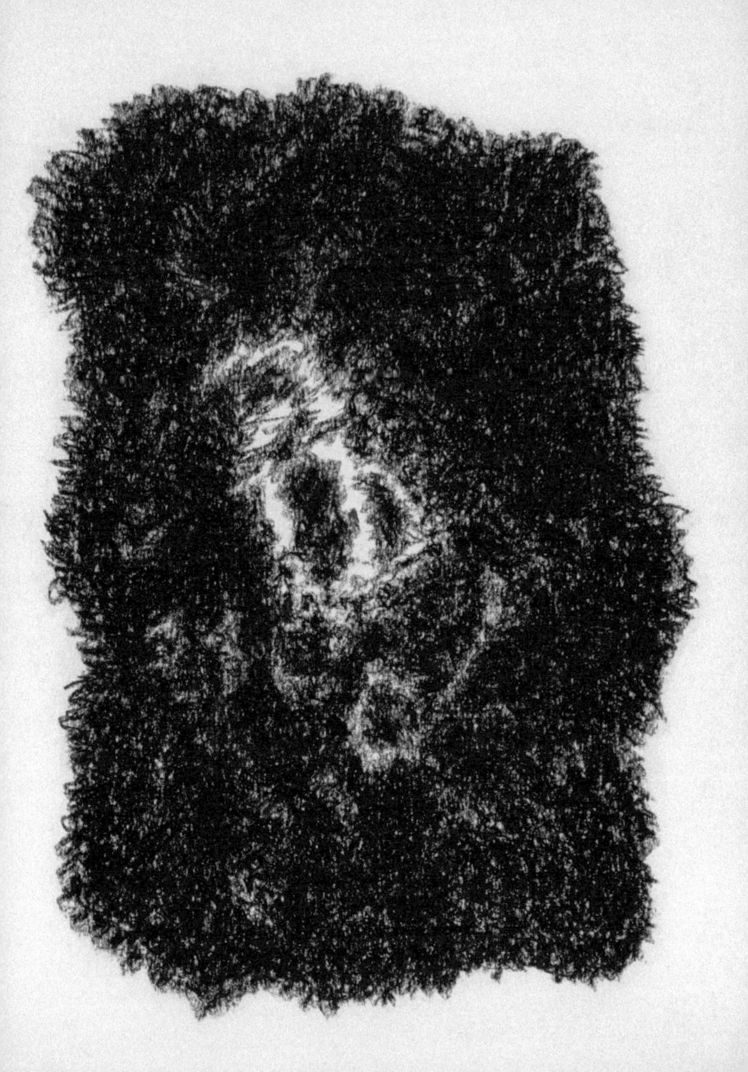

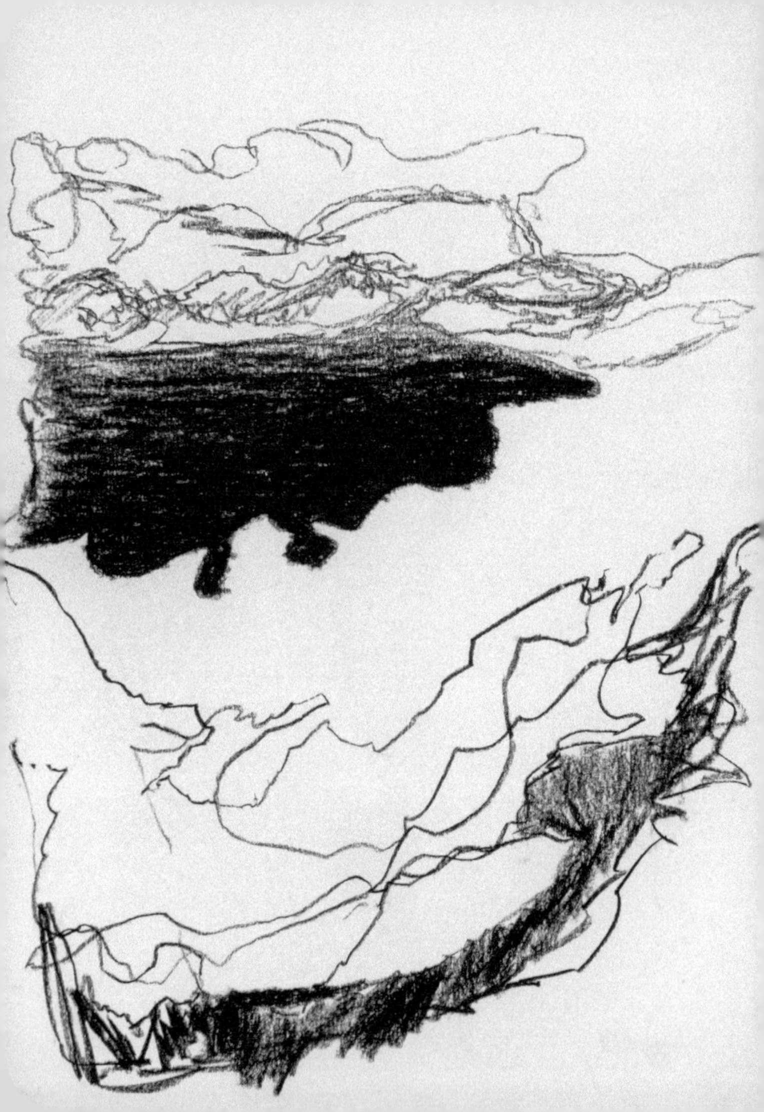

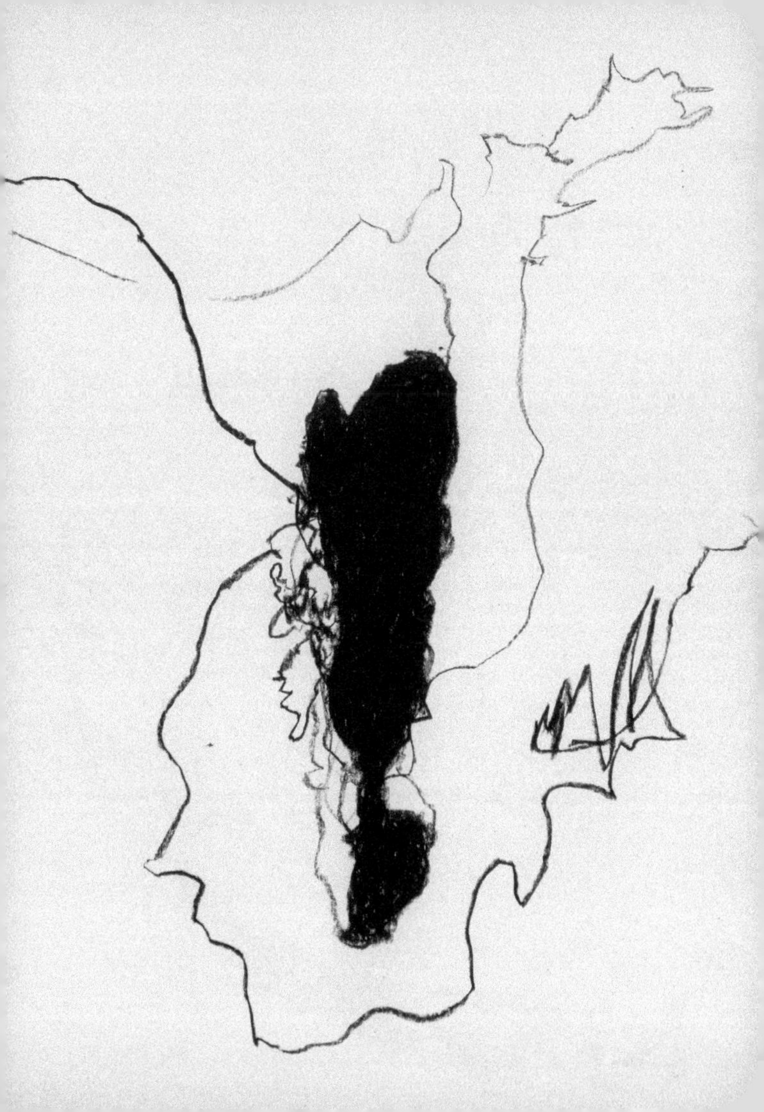

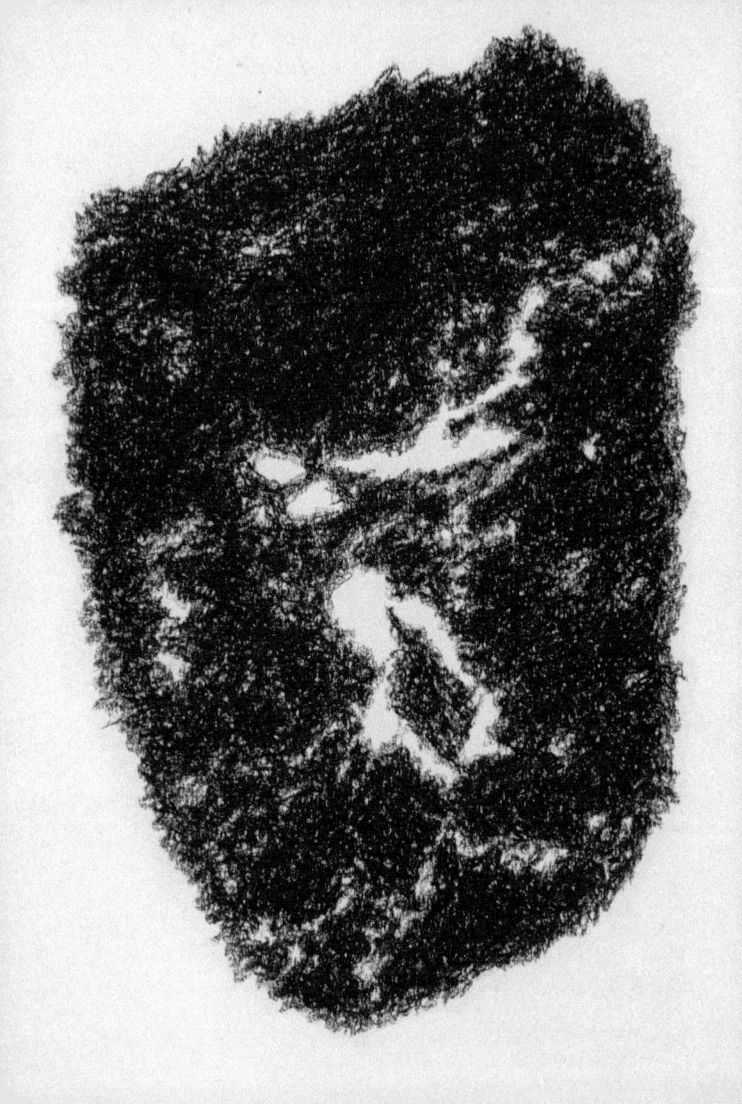

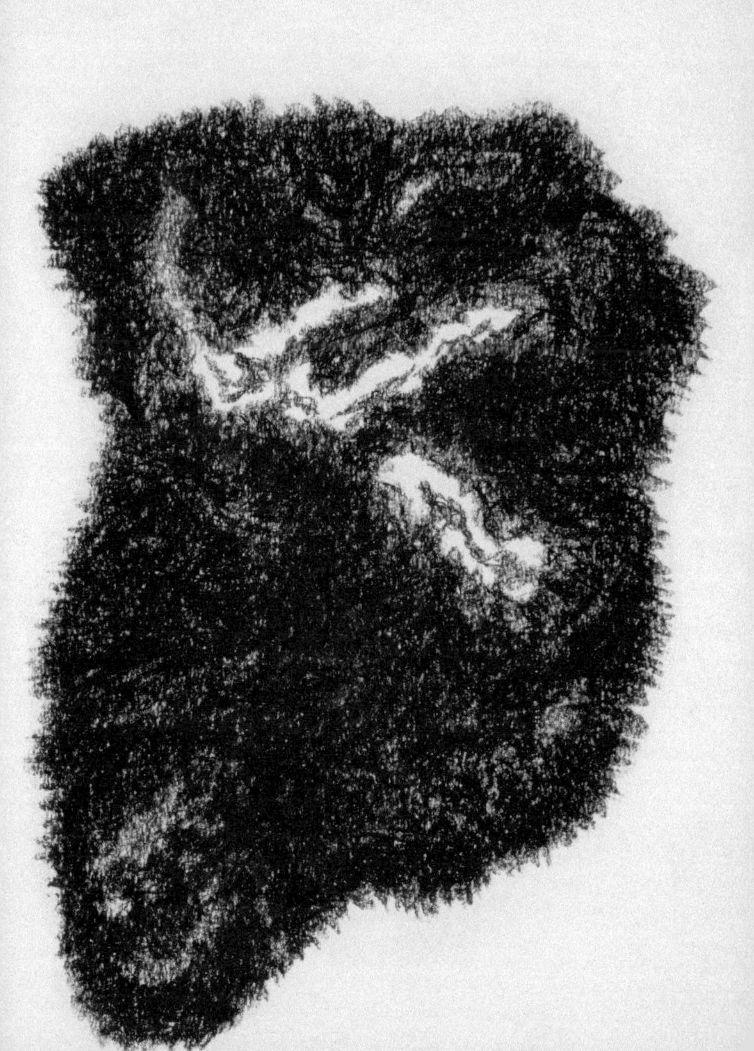

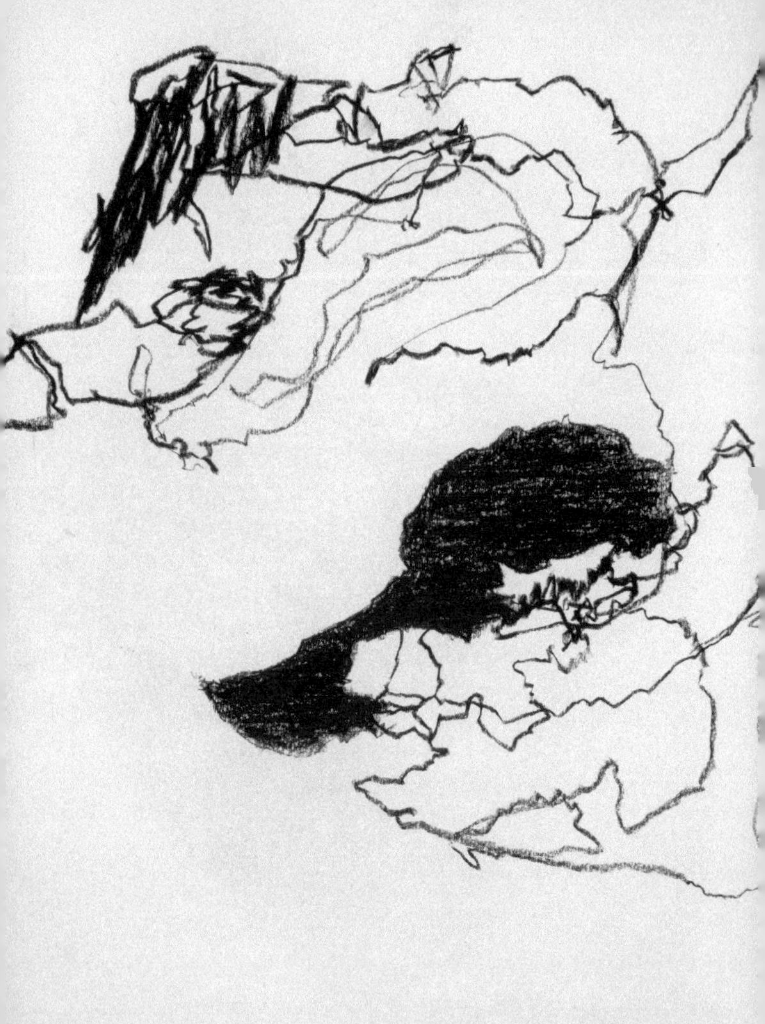